Johannes Kiersch
Vom Land aufs Meer
Steiners Esoterik in verändertem Umfeld

JOHANNES KIERSCH

Vom Land aufs Meer

Steiners Esoterik in verändertem Umfeld

VERLAG FREIES GEISTESLEBEN

Johannes Kiersch, geboren 1935, studierte Anglistik, Geschichte und Pädagogik in Berlin und Tübingen. Er war Waldorflehrer in Frankfurt am Main und Bochum-Langendreer und lehrt seit 1973 am Institut für Waldorfpädagogik in Witten/Ruhr. Im Verlag Freies Geistesleben sind erschienen *Freie Lehrerbildung* und *Fremdsprachen in der Waldorfschule* sowie *Die Waldorfpädagogik. Eine Einführung in die Pädagogik Rudolf Steiners.*

ISBN 978-3-7725-2131-7

1. Auflage 2008

Verlag Freies Geistesleben
Landhausstraße 82, 70190 Stuttgart
Internet: www.geistesleben.com

© 2008 Verlag Freies Geistesleben
& Urachhaus GmbH, Stuttgart
Einband: Thomas Neuerer unter Verwendung eines Fotos von
Fotototo (© Blickwinkel / T. Schröer)
Druck: Aalexx Druck, Großburgwedel

Inhalt

Vorwort 9

1. Ein Klimawechsel in der kulturgeschichtlichen
   Forschung macht Esoterik besprechbar 13

2. Steiners Esoterik heute 21

3. Ist Esoterik als Wissenschaft vom «Geist» nach
   dem Modell der Naturwissenschaften denkbar? 31

4. Traditionelle Esoterik: archaisches Erleben in
   fossilisierter Form 36

5. Steiners Methodenlehre des Erkennens der
   «höheren Welten» 47

6. Gewordene und werdende Esoterik 58

7. Ausblick 75

Anhang. 79

1. Was ist Wahrheit? (1996). 81

2. Wie Rudolf Steiner seinen Wahrheitsbegriff
   erweiterte, und was daraus folgt. (1999) 95

Verzeichnis der zitierten Bände der Rudolf Steiner
Gesamtausgabe. 103

I would have men of such constancy put to sea,
that their business might be every thing and their
intent every where; for that's it that always makes
a good voyage of nothing.
                              William Shakespeare, *Twelfth Night*

Wer das Wissen haben will vor dem Forschen,
gleicht dem, der die Frucht haben wollte vor
dem Samen. Das Wissen soll von uns selbst
erworben werden. Wüssten wir schon, so
brauchten wir nicht zu forschen.
                                      Rudolf Steiner (1905)

Vorwort

Für Einrichtungen, die sich auf die Anthroposophie Rudolf Steiners berufen, ist es in den letzten Jahren zu einer bedrängenden Lebensfrage geworden, wie sie mit ihrer «Esoterik» umgehen wollen. Schulen, Kindergärten, heilpädagogische Heime, Krankenhäuser, Wirtschaftsbetriebe, Bank-Einrichtungen, die nach den Ideen Steiners arbeiten, sind an vielen Orten beliebt und weithin anerkannt. Was aber die ihnen zugrundeliegende anthroposophische «Geisteswissenschaft» ursprünglich war und ob sie heute noch von Bedeutung ist, erscheint unklar. Für jüngere Mitarbeiter sind die nun schon mehr als hundert Jahre zurückliegenden Anfänge der anthroposophischen Bewegung in ferne Distanz gerückt. Manche Tradition ist erstarrt, manche gängige Praxis problematisch geworden. Nur noch verzerrt oder schattenhaft wird vielerorts wahrgenommen, dass die ursprünglichen Impulse Steiners aus lebendiger Esoterik hervorgegangen sind.

Zugleich hat sich das Umfeld anthroposophischer Institutionen stark verändert. Individuelle Lebensentwürfe, die Erweiterung des kulturellen Horizonts über die Grenzen Europas hinaus, eine Fülle neuer Informationsmöglichkeiten lassen ältere Weltbilder und Traditionen zurücktreten und geben Raum für eine bunte Fülle spiritueller Sinn-Angebote, unter denen Steiners Anthroposophie sich eher altmodisch ausnimmt. Diese Situation beschäftigt seit einiger Zeit auch die akademische Forschung. Dort galten «esoterische» Themen lange Zeit als nicht ernsthaft besprechbar. Für die vom Hintergrund eines positivistisch-materialistischen Weltbildes aus argumentierenden Wissenschaftler handelte es sich dabei um nebensächliche Restbestände alten Aberglaubens; für deren Konkurrenz, die Theologen, um abwegige Ketzerei. Dass es Menschen gab und gibt, für die «übersinnliche» Erfahrungen evidente Realität sind, war ein rätselhaftes Randphänomen. Jeder methodisch sichere Zugang dahin schien zu fehlen.

Diese Situation hat sich im Verlauf weniger Jahrzehnte gründlich geändert. Wissenschaftliche Studien zur Geschichte der «hermetischen» oder anderer «esoterischer» Strömungen werden jetzt unter Kulturhistorikern weithin als legitim akzeptiert, beginnen ein konturiertes, von weltanschaulichen Vorurteilen freies Methodenbewusstsein zu entwickeln und entdecken – mit Staunen, darf man wohl sagen – die bisher völlig unterschätzte soziale und kulturelle Wirksamkeit «esoterischer» Traditionen, ihre bedeutende Rolle bei der Entstehung des modernen naturwissenschaftlichen Weltbildes, beim Durchbruch der «Aufklärung» im 18. Jahrhundert, schließlich auch in der Philosophie des «New Age».

Durch diesen bemerkenswerten Klimawandel im Bereich der Kulturgeschichte werden die Freunde der Anthroposophie Rudolf Steiners in unerwarteter Weise neu herausgefordert. Sie dürfen sich auf eine größere Unbefangenheit und mehr Gesprächsbereitschaft freuen, auf Bereicherung ihres Selbstverständnisses und neue Gelegenheiten zu produktivem Gedankenaustausch. Zugleich haben sie mit neuer Kritik auf höherem Niveau zu rechnen.

Es besteht deshalb eine dringende Notwendigkeit, die besondere Esoterik Steiners in ihrer Eigenart besser zu verstehen, sie überzeugender öffentlich zu vertreten und sie womöglich, wo sie schon erstarrt ist, wieder zu beleben. Der vorliegende Text versucht, einige Informationen und Erwägungen hierzu zusammenzutragen. Er bleibt notwendig skizzenhaft und in vielen Details unzulänglich, insbesondere dadurch, dass er abstrakte Argumente und die Methodendiskussion der zu neuem Selbstbewusstsein erwachten Esoterik-Forschung ebenso zu berücksichtigen versucht wie die Bedürfnisse anthroposophischer Lebenspraxis nach vertieftem Selbstverständnis.

Was hier vorgebracht wird, entstand im Anschluss an eine Untersuchung des Verfassers zur Geschichte der von Steiner gegründeten Freien Hochschule für Geisteswissenschaft. Die dabei entdeckten Tatbestände werden hier mitberücksichtigt und nach Möglichkeit auf die jetzige Lage der Hochschule bezogen. Zwei kleinere Vorstudien, die ein wichtiges Spezialproblem beleuchten, werden hier im Anhang wiedergegeben.

Ich danke den Studierenden des waldorfpädagogischen Fortbildungskurses an der Universität Warschau, denen ich die Ergebnisse dieser Studie vortragen durfte, für ihr Interesse. Meiner bewährten Mitarbeiterin am Institut für Waldorf-Pädagogik in Witten/Ruhr, Monika Weiß, danke ich für ihre Hilfe bei den Schreibarbeiten.

Bielsko-Biała, im Juli 2007   *Johannes Kiersch*

I.
Ein Klimawechsel in der kulturgeschichtlichen Forschung macht Esoterik besprechbar

Eine unbefangene wissenschaftliche Betrachtung «esoterischer» Tatbestände war lange Zeit durch zeitbedingte Voreingenommenheiten verstellt. Für Historiker, die vom sicheren Boden einer positivistischen Weltsicht aus operierten, handelte es sich dabei um Reste primitiven animistischen Aberglaubens; für andere, die vom religiös-dogmatischen Standpunkt aus urteilten, um ärgerliche Ketzerei.[1] Zugleich ist für eher soziologisch orientierte Forscher das lebhafte Interesse vieler «aufgeklärter», durch den wissenschaftsorientierten Unterricht moderner Schulen zu kritischem Denken erzogener Menschen der Gegenwart an «esoterischen» Praktiken, Bildern, Ideen ein irritierendes Phänomen. Erfüllen der Dalai Lama, Kung Fu, Tai Chi, Feng Shui, der «Herr der Ringe» und nun auch noch Harry Potter womöglich menschliche Grundbedürfnisse, die aus Familientraditionen, aus Schule, Universität und Kirche nicht mehr befriedigt werden können? Dann hätten wir

1 Als bemerkenswerte Ausnahmen auf evangelisch-theologischer Seite sind hier Hellmut Haug, Paul Schwarzenau und – besonders hinsichtlich des Steinerschen Naturbegriffs – Klaus Bannach zu nennen, auf katholischer Seite Helmut Zander und vor allem Carlo Willmann.

es mit einem herausfordernden und womöglich in hohem Grade problematischen gesellschaftlichen Phänomen zu tun.

Es mag sein, dass dieser Tatbestand zu dem erstaunlichen Perspektivenwechsel beitrug, der sich im Bereich der akademischen kulturgeschichtlichen Forschung in den letzten Jahren gegenüber «esoterischen» Themen vollzogen hat. Bis ins zweite Drittel des vorigen Jahrhunderts hinein konnten es nur wenige spezialisierte Einzelgänger riskieren, sich mit wissenschaftlichem Anspruch in dieses zweifelhafte Feld hineinzuwagen. Inzwischen gibt es allein in Europa vier akademische Lehrstühle dafür. Wouter J. Hanegraaff von der Universität Amsterdam, gegenwärtig wohl der kompetenteste Vertreter und Befürworter der neuen Richtung, hat im Jahre 2005 zusammen mit Fachkollegen die *European Society for the Study of Western Esotericism (ESSWE)* gegründet. Das von ihm (gemeinsam mit Antoine Faivre, Roelof van den Broek und Jean-Pierre Brach) herausgegebene Nachschlagewerk zum Thema gibt auf hohem Niveau einen Überblick über den gegenwärtigen Stand der Forschung und ihre Zukunftsperspektiven.[2]

In Deutschland war es wohl zuerst, im Jahre 1969, die Studie von Rolf Christian Zimmermann über das «Weltbild des jungen Goethe», die eine neue Aufmerksamkeit für den bis dahin tabuisierten Themenbereich erweckte. Zusammen mit Antoine Faivre, der zur gleichen Zeit den Esoterik-Lehrstuhl an der Pariser Sorbonne über-

---

2 W. J. Hanegraaff (Hrsg.): *Dictionary of Gnosis & Western Esotericism.* Leiden: E. J. Brill, 2006. Die darin enthaltenen Artikel über Steiner und seine Anthroposophie sind von Cees Leijenhorst, Nimwegen.

nahm, veröffentlichte Zimmermann zehn Jahre später einen repräsentativen dreisprachigen Band über «Epochen der Naturmystik», mit einer Reihe von hochkarätigen Beiträgen über Paracelsus, Valentin Weigel, Jakob Böhme, Swedenborg, Oetinger, Schelling, Franz von Baader und andere bekannte Gestalten der Geistesgeschichte unter dem Motto – so der brisante Untertitel des Werkes – «Hermetische Tradition im wissenschaftlichen Fortschritt».[3] Damit war ein Motiv berührt, dem Forscher in anderen Ländern bereits seit einiger Zeit nachgegangen waren: die Frage, auf welche Weise sich die Naturwissenschaft der Neuzeit aus dem Milieu älterer naturphilosophischer Vorstellungen emanzipieren und ihre bis heute unangefochtene Vorherrschaft antreten konnte. Es handelte sich bei diesen traditionellen Vorstellungen nicht nur um den von Francis Bacon, dem bedeutendsten Vordenker des naturwissenschaftlichen Materialismus, so heftig bekämpften dekadenten Aristotelismus des ausgehenden Mittelalters, sondern auch um die auf die legendäre Gestalt des Hermes Trismegistos, des dreimal mächtigen Hermes, zurückgeführte esoterische Geistesströmung des «Hermetismus». Diese entfaltete zur Zeit der Medici, Ende des 15. Jahrhunderts, von der platonischen Akademie in Florenz ausgehend, breite Kulturwirkungen in ganz Europa. Im Jahre 1463 hatte Marsilio Ficino das *Corpus hermeticum* ins Lateinische übersetzt, eine Sammlung alter esoterischer Texte, die von ihm und seinem Mitstreiter Giovanni Pico della Mirandola als Zeugnis uralter Weisheit, einer *prisca theologia*, angesehen wurde, mit deren Hilfe sich Philosophie

---

3 A. Faivre / R. Chr. Zimmermann (Hrsg.): *Epochen der Naturmystik*. Berlin: Erich Schmidt Verlag, 1979.

und Religion, Vernunft und Glaube würden versöhnen lassen. Da auch die «geheimen» Wissenschaften, Magie, Astrologie und Alchimie, auf die Autorität des Hermes zurückgeführt wurden, förderte das Studium der hermetischen Schriften auch deren kräftige Ausbreitung, etwa auf Gestalten wie Cornelius Agrippa, Giordano Bruno und Paracelsus. Mit hinein mischten sich Einflüsse der von Pico eifrig studierten jüdischen Mystik, der Kabbalah. Wouter Hanegraaff betrachtet das Phänomen der Renaissance-Hermetik als die historische Grundlage aller «westlichen» Esoterik. Hier zeige sich am deutlichsten die «gnostische», auf persönliche spirituelle Erfahrung gestützte Erkenntnisform, durch die «esoterische» Geistigkeit sich von empirisch-rationalen und gläubig-religiösen Wegen zur Wahrheit unterscheide.[4]

Als nun im Jahre 1614 Isaac Casaubon nachweist, dass die Schriften des *Corpus hermeticum* erst in nachchristlicher Zeit entstanden sein können, erscheint der Renaissance-Mythos von einer göttlich inspirierten Urweisheit jenseits aller Glaubensunterschiede nicht mehr rational vertretbar. Dass er trotzdem noch bis ins 18. Jahrhundert und darüber hinaus weiterwirkt, ist ein Kulturphänomen von erheblicher Bedeutung.[5] Ähnlich verhält es sich mit

---

4 W. J. Hanegraaff: The Study of Western Esotericism. In: P. Antes u. a. (Hrsg.): *New Approaches to the Study of Religion*. Bd. 1. Berlin u. New York: Walter de Gruyter, 2004, S. 489-519. Die erste deutschsprachige Ausgabe der überlieferten hermetischen Schriften wird demnächst mit einem Kommentarband abgeschlossen sein: *Das Corpus Hermeticum deutsch*. Hrsg. von Carsten Colpe und Jens Holzhausen. Stuttgart (Bad Cannstatt): frommann-holzboog, 1997 ff.

5 Jan Assmann: «Hen kai pan». Ralph Cudworth und die Rehabilitierung der hermetischen Tradition. In: M. Neugebauer-Wölk

den berühmten Rosenkreuzer-Schriften, der *Fama Fraternitatis* (die merkwürdigerweise im gleichen Jahr wie die Kritik Casaubons erscheint, 1614), der *Confessio Fraternitatis* (1615) und der *Chymischen Hochzeit Christiani Rosenkreutz* (1616), die von Steiner als authentisches Zeugnis von Einweihungsvorgängen betrachtet worden ist.[6] Nach Auffassung der neueren Forschung hat es einen Christian Rosenkreutz nie gegeben, auch wenn Esoteriker wie Michael Maier oder Robert Fludd sich als «Rosenkreuzer» stilisierten. Dennoch ging von den genannten Schriften eine erstaunliche Kulturwirkung aus. Die europaweite Diskussion über die darin aufgeworfenen Probleme veränderte das geistige Klima. «Die Semantik des Rosenkreuzerdiskurses», schreibt Rudolf Schlögl (Konstanz), «entfaltete eine katalytische Wirkung. Sie verstörte gewohnte Sinnbezüge und eröffnete den Blick auf neue Sinnhorizonte.»[7] Damit war für die produktiven Spannungen, die das Verhältnis von etabliertem Wissen und «Esoterik» im Jahrhundert der Aufklärung und im anschließenden Jahrhundert des materialistischen Positivismus kennzeichnen, ein fruchtbarer Boden bereitet.

In Deutschland wurde nun die Erforschung der «eso-

(Hrsg.): *Aufklärung und Esoterik*. Hamburg: Felix Meiner, 1999, S. 38–52.

6 Siehe Rudolf Steiner: Die chymische Hochzeit des Christian Rosenkreutz. In: *Philosophie und Anthroposophie*. Gesammelte Aufsätze 1904–1923. Dornach: Rudolf Steiner Verlag, 2. Auflage 1984. GA 35.

7 Rudolf Schlögl: Von der Weisheit zur Esoterik. Themen und Paradoxien im frühen Rosenkreuzerdiskurs. In M. Neugebauer-Wölk (siehe Anm. 5), S. 55.

terischen» Traditionsströme während der letzten beiden Jahrzehnte erheblich intensiviert. Eine Reihe von kulturwissenschaftlichen Kongressen und Forschungsprojekten widmeten sich dem neu entdeckten Themenfeld. Aufsehen erregte besonders das im Jahre 1997 von Monika Neugebauer-Wölk (Halle) in der berühmten Herzog-August-Bibliothek zu Wolfenbüttel veranstaltete Symposion über «Aufklärung und Esoterik», hatte doch bis dahin kaum jemand erwartet, dass gerade die gedankenklaren Reform-Impulse des «Zeitalters der Vernunft» in erheblichem Maße aus esoterischen Quellen befruchtet worden sein könnten, besonders durch die Ausbreitung der Freimaurer-Logen mit ihrem bisher vielfach unterschätzten Reformpotential.[8] Als ambitioniertestes Unternehmen der neuen Forschungsrichtung darf wohl das von K. Ludwig Pfeiffer und Klaus Vondung an der Universität Siegen betriebene

---

8 M. Neugebauer-Wölk (Hrsg.): *Aufklärung und Esoterik*. Hamburg: Felix Meiner, 1999. Als weitere Sammelbände sind zu nennen: Bibliotheca Philosophica Hermetica (Hrsg.): *Rosenkreuz als europäisches Phänomen im 17. Jahrhundert*. Amsterdam: Pelikaan, 2002. (Hier auch ein Beitrag von Gerhard Wehr: Das Rosenkreuzertum im Werk Rudolf Steiners. S. 361–378.) Anne-Charlott Trepp / Hartmut Lehmann (Hrsg.): *Antike Weisheit und kulturelle Praxis. Hermetismus in der frühen Neuzeit*. Göttingen: Vandenhoeck & Ruprecht, 2001. Nicola Kaminski u.a. (Hrsg.): *Hermetik. Literarische Figurationen zwischen Babylon und Cyberspace*. Tübingen: Niemeyer, 2002. Den Spuren «esoterischen» Denkens im Bereich der Philosophie, von Platon bis zum Dialektischen Materialismus, war vorher schon ein Sammelband nachgegangen, der einer Ringvorlesung an der Universität Witten-Herdecke entstammt: Peter Koslowski: *Gnosis und Mystik in der Geschichte der Philosophie*. Zürich und München: Artemis, 1988, mit einem Kapitel über Steiner von Gerhard Wehr.

Forschungsprojekt «Mystik und Moderne» gelten, das von der Volkswagen-Stiftung für die Dauer von drei Jahren mit 600.000,– Euro gefördert wurde.[9]

Durch die Ergebnisse der neuen Esoterik-Forschung erscheint auch die von der Theosophie Jakob Böhmes und seiner Schüler angeregte Naturphilosophie der Goethezeit in neuem Licht. Der Okkultismus des 19. Jahrhunderts, der durch Gestalten wie H. P. Blavatsky, Eliphas Lévi oder Gerard Encausse (Papus) bekannt ist, wird von Hanegraaff als Phänomen einer Säkularisation, einer Verweltlichung durch Anpassung an den Geist der neuen Naturwissenschaften, neu gedeutet.[10] Als jüngste Ausprägung des «esoterischen» Traditionsstroms lässt sich der «spirituelle Supermarkt» der New-Age-Bewegung sehen, der sein Heil in radikaler Beschränkung auf das eigene Selbst und dessen Entwicklung sucht, misstrauisch gegen jede Bindung an traditionelle Institutionen mit ihrem Dogmatismus, ihrer Intoleranz und Exklusivität.[11]

Im Ganzen erscheint das Feld der kulturgeschichtlichen Forschung zum Thema «Esoterik» besonders durch die scharfsinnigen methodologischen Untersuchungen Hanegraaffs auf ein beachtliches Niveau gehoben und als respek-

---

9 Klaus Vondung / K. Ludwig Pfeiffer (Hrsg.): *Jenseits der entzauberten Welt*. Naturwissenschaft und Mystik in der Moderne. Mystik und Moderne Bd. 1. München: Wilhelm Fink Verlag, 2006. Weitere Bände über «Cybermystik», «Biomystik» und «Naturmystik» sollen folgen.
10 Hanegraaff 2004 (siehe Anm. 4), S. 496 f.
11 Hanegraaff 2004 (siehe Anm. 4), S. 498 f. Ausführlich W. J. Hanegraaff: *New Age Religion and Western Culture*. Esotericism in the Mirror of Secular Thought. State University of New York Press, 1998.

table neue Disziplin positioniert zu sein. Auf dem Weg dahin war ein besonders glücklicher Griff die Entdeckung Antoine Faivres, dass alle bekannten esoterischen Strömungen gewisse gemeinsame Eigenheiten haben, nämlich vier deutlich von anderen Richtungen abweichende *Denkformen:*

- sie alle arbeiten mit *Entsprechungen*, die dem gesamten Kosmos eine sinnvolle Struktur geben (das «oben wie unten, unten wie oben» der Tabula Smaragdina, das Motiv von Mikrokosmos und Makrokosmos, das Yin und Yang chinesischer Weisheit)
- mit Vorstellungen von der Erde oder der Welt als einem *Lebewesen*
- mit *Bildern* (Imaginationen) als Elementen der Mediation, der Vermittlung
- und mit dem Gedanken der *Transmutation*, der Verwandlung des Erkenntnissuchers auf einem Übungsweg.

Ergänzend können *Konkordanzbildung*, das Suchen nach einem zugrundeliegenden Zusammenhang aller esoterischen Systeme, und *Transmission* auftreten, die Weitergabe von Weisheit an Schüler (Guru-Prinzip), manchmal mit der Vorstellung von sanktionierter Sukzession verbunden.[12] Was hieraus für das Verstehen der anthroposophischen Esoterik folgt, wird sich im weiteren Verlauf unserer Darstellung noch zeigen.

---

12 A. Faivre: *Esoterik im Überblick*. Freiburg u.a.: Herder, 2001, S. 24 ff.

2.
Steiners Esoterik heute

Als Gerhard Kienle im Jahre 1976 mit der Verabschiedung eines außergewöhnlichen Gesetzes durch den deutschen Bundestag die staatliche Anerkennung «besonderer Therapieverfahren» und damit auch der anthroposophisch orientierten Medizin zustandebrachte, gab er ein wegweisendes Beispiel für neue Möglichkeiten bürgergesellschaftlichen Engagements «von unten» gegen mächtige Interessen des politischen und auch des wissenschaftlichen Establishments.[13] Eine Anerkennung der Anthroposophie als «Wissenschaft» war damit nicht verbunden. Ein demokratisches Parlament entscheidet nicht über Wahrheitsfragen. Es schützt lediglich die Möglichkeit des *Gesprächs* über Wahrheit. Und dass die Freiheit des Gesprächs über medizinische Fragen damals bedroht war, leuchtete einer Mehrheit der Abgeordneten im Bundestag ein. Auch der Eindruck, dass ein großer Teil der Bevölkerung, speziell in Deutschland, der anerkannten Schulmedizin mit wachsendem Misstrauen gegenüberstand, während alternative Therapieformen zunehmend mit Sympathie betrachtet wurden, mag bei der Zustimmung für das erfreuliche Gesetz mitgespielt haben.

13 Peter Selg: *Gerhard Kienle. Leben und Werk*. Bd. 1. Dornach: Verlag am Goetheanum 2003, S. 414 ff.

Der Kampf um die zugrundeliegenden Prinzipien hat aber seither nicht an Schärfe verloren. Vielmehr macht er sich inzwischen auch in anderen Lebensbereichen immer deutlicher bemerkbar: im Streit um die Vor- oder Nachteile eines ökologischen Landbaus und sachgemäße rechtliche Regelungen auf diesem Gebiet, über Schul- und Erziehungsfragen, über die Ethik des Sterbens oder des Geborenwerdens, über die Auswüchse eines menschenverachtenden Wirtschaftssystems und über wissenschaftstheoretische Fragen, die mit diesen und verwandten Problemfeldern zusammenhängen. Mit beunruhigender Deutlichkeit wird dabei ein Tatbestand sichtbar, der gegenwärtig die besondere Aufmerksamkeit aller derjenigen herausfordert, denen an einer nachhaltigen Weiterentwicklung der Impulse Rudolf Steiners gelegen ist. Es wird zwar schon seit Steiners Zeit beklagt, dass die «Tochterbewegungen» der Anthroposophie immer wieder dazu neigen, die «Mutter» zu vernachlässigen und dass sie deshalb in die Gefahr geraten, nicht nur den Anschluss an eine beachtenswerte Tradition, sondern auch ihre spirituelle Erneuerungskraft zu verlieren. Aber es ist unklar geblieben, worin die Lebensbedingungen dieser Erneuerungskraft eigentlich bestehen. Infolgedessen werden die «esoterischen» Elemente der Anthroposophie nur noch wenig ernstgenommen. Die Mitarbeiter anthroposophisch orientierter Einrichtungen vertrauen darauf, dass der Begründer der Anthroposophie die Ideen und Einsichten, deren praktische Fruchtbarkeit in so vielen Lebensfeldern weithin anerkannt ist, erkenntnistheoretisch solide fundiert hat, in seinen philosophischen Schriften und dann speziell in seinen Darstellungen anthroposophischer Schulungswege in den Grundschriften des Jahrhundertanfangs, dass seine wissenschaftlichen Schüler – man denke nur an Carl Unger, Herbert Witzenmann, Georg Kühlewind – das Fundament weiter ausgebaut haben, so dass der tätige Praktiker mit Recht annehmen könne, Anthroposophie sei eine «Wissenschaft» wie jede andere, und was Steiner gesagt hat, sei «wissenschaftlich» begründet. Für eine überzeugende Wirkung nach «außen» genügt das aber nicht. Die heute geforderten detaillierten Sachargumente werden durch einen pauschalen, oft nicht einmal explizit formulierten Rekurs auf abstrakte und fernliegende Argumentationszusammenhänge nur sehr notdürftig ersetzt, und das überzeugt nicht mehr. Wohlwollende «außenstehende» Betrachter – ganz abgesehen von den weniger wohlwollenden – kommen deshalb in den Auseinandersetzungen des Alltags zu dem Ergebnis: Ihr seid ja gar nicht so schlecht bei dem, was ihr da praktisch tut in euren Schulen, Heimen, Krankenhäusern, landwirtschaftlichen Betrieben, Drogeriemärkten, Bank-Einrichtungen; aber nun verabschiedet euch doch endlich von eurem sonderbaren «Guru»!

Unterstützt wird die Einstellung, die diesem inzwischen weit verbreiteten Vorschlag zugrunde liegt, durch das Misstrauen, mit dem heute, nach dem Zusammenbruch der großen ideologischen Heilssysteme des 20. Jahrhunderts, viele und vor allem jüngere Menschen jeder Berufung auf eine universell erscheinende Autorität begegnen. Besonders betroffen von diesem Misstrauen sind alle Aussagen Steiners, die sich auf «höhere Welten», «übersinnliche Wahrnehmung» und dergleichen beziehen, auf all das, was wir – mit einem vorläufig noch diffusen Wort – als die «Esoterik» Steiners bezeichnen können.

Wohl am deutlichsten zeigt sich, worum es hier geht, auf dem Praxisfeld der Medizin. Nicht umsonst versprach sich ja Steiner jahrelang – zunächst vergeblich – einen Durchbruch für die Anerkennung seiner therapeutischen Impulse durch ein «Vademecum», ein Handbuch für Ärzte, das außer den inzwischen erarbeiteten Ratschlägen für den therapeutischen Alltag grundsätzliche Ausführungen über das Wesen des Menschen, über Gesundheit und Krankheit und die Erkenntnisprinzipien der «geisteswissenschaftlich erweiterten» Medizin enthalten sollte. Mit Ita Wegman zusammen hat er den einleitenden Teil für ein solches Werk schließlich kurz vor seinem Tod noch selbst geschrieben. Eine Fülle solider Detailarbeiten hat sich seither daran angeschlossen. Methodisch war das zunächst gar nicht so schwierig: Im Bereich der Medizin liegt die Plausibilität anthroposophischer Grundauffassungen von vornherein offen zu Tage. Die landläufige einseitige Fixierung des ärztlichen Blicks auf den physischen Leib des Menschen wird hier von einer multiperspektivischen Sichtweise abgelöst, die den seelisch-geistigen Prozessen und dem Ich im therapeutischen Geschehen Raum gibt, die Entwicklungen vor der Geburt und nach dem Tod mit einbezieht, die Sinnfragen nicht ausschließt. Der anthroposophisch orientierte Arzt kann nicht «wissenschaftlich beweisen», dass es so etwas wie eine Wiederverkörperung des Geistes wirklich gibt, aber man wird ihm zugestehen dürfen, dass diese Vorstellung nicht von vornherein als irrational abgetan werden kann und dass sie zu interessanten therapeutischen ebenso wie zu ethischen Schlussfolgerungen führt, die für den Patienten segensreich sind, auch wenn eine «objektiv» gültige, «wissenschaftliche» Begründung einstweilen noch fehlt oder grundsätzlich nicht möglich ist. Plausibilität ist gerade im Bereich der Medizin ein durchaus brauchbares Argument.

Nun haben sich Steiners therapeutische Ideen in beeindruckend vielen Arztpraxen und verwandten Einrichtungen über die ganze Welt ausgebreitet. Die medizinische Sektion am Goetheanum in Dornach hat unter der tatkräftigen Leitung von Michaela Glöckler in Zusammenarbeit mit anthroposophischen Ärzte- und Therapeutenverbänden ein umfangreiches Netzwerk von Aktivitäten geschaffen, dessen Erfolge trotz vieler Widerstände in Gesetzgebung und Verwaltung, in der Pharma-Industrie und vor allem in der etablierten Schulmedizin nicht mehr wegdiskutiert werden können. Das Leben erweist sich hier stärker als jede Theorie.

Seine entscheidende Stabilisierung aber erfährt das Lebensfeld der anthroposophisch orientierten Medizin bei seinem gegenwärtigen Entwicklungsstand durch *wissenschaftstheoretische* Leistungen, deren Niveau bisher in keiner anderen «Tochterbewegung» der Anthroposophie erreicht worden ist. Als ein hervorragendes Beispiel lässt sich – neben anderem – der von Gunver Sophia Kienle und Helmut Kiene bei Schattauer in Stuttgart, einem renommierten Fachverlag, publizierte Forschungsbericht zur Misteltherapie des Krebses betrachten. Der gewichtige Band trägt nicht nur eine beeindruckende Fülle von Ergebnissen klinischer Studien zusammen, mit dem Ergebnis, dass es sich bei dieser von Steiner inaugurierten Therapie um eine diskussionswürdige Alternative gegenüber traditionellen schulmedizinischen Konzepten handelt; er hinterfragt zugleich die dem derzeit noch weitgehend anerkannten therapeutischen Paradigma zugrundeliegenden ideologischen Voreingenommenheiten.[14] Ob der dabei eingeschlagene Weg, den «nomologischen» Denkstil der Tradition dem «typologischen» der anthroposophisch orientierten Biologie gegenüberzustellen[15] und dabei das Polaritätsprinzip Goethes und seiner Geistesverwandten als Einstieg in den neuen Ansatz besonders herauszustellen, den überzeugendsten Zugang eröffnet, kann hier offen bleiben. Jedenfalls wird allein schon an der Argumentationsweise des Buches deutlich: Es handelt sich bei der anthroposophischen Medizin nicht um eine Wiederbelebung alten Aberglaubens, wie man annehmen könnte, wenn man Steiners wiederholtes Anknüpfen an medizinische Begriffe der klassischen Antike oder der Paracelsisten missversteht, sondern um hochgradig aktuelle neue *Gedankenformen*, die dem etablierten reduktionistischen Denkstil naturgemäß fremd, ihm aber zugleich an Klarheit und Wirklichkeitsnähe durchaus ebenbürtig, wenn nicht überlegen sind. Indem die Autoren ihr Bild von diesen Gedankenformen mit einer detaillierten Diskussion einschlägiger Fakten aus der Geschichte der medizinischen und der biologischen Forschung und aus den faszinierenden Streitfragen der neuesten Wissenschaftstheorie begründen, gewinnen ihre Argumente in hohem Grade

---

14 Gunver Sophia Kienle / Helmut Kiene: *Die Mistel in der Onkologie*. Stuttgart und New York: Schattauer, 2003. Siehe besonders den dritten Teil des Bandes: «Beyond Reductionism», mit dem Unterkapitel «Von Dämonen und Molekülrittern zur Komplexität in der Tumorimmunologie», S. 335 ff.

15 Zum Begriff des «Denkstils» siehe Ludwik Fleck: *Entstehung und Entwicklung einer wissenschaftlichen Tatsache*. Frankfurt: Suhrkamp, ²1980, und Günter Röschert: *Anthroposophie als Aufklärung*. München: Trithemius Verlag, 1997, S. 161 ff.

an Stabilität. Besonders gilt dies, wo sie in der Auseinandersetzung mit der schon von Gerhard Kienle als zentral wichtig eingeschätzten Frage nach dem Wert des «doppelten Blindversuchs» für den Wirksamkeitsnachweis von Medikamenten die heute allgemein anerkannte «evidence based medicine» mit einer neuen «cognition based medicine» konfrontieren und damit dem freien, individuellen ärztlichen Urteil in Diagnose und Therapie sein notwendiges und sachgemäßes Gewicht zurückgeben.[16]

Zumindest auf dem Felde der Medizin ist damit deutlich geworden, dass sich empirisch gesicherte Strategien für die Bewältigung moderner Lebensprobleme aus leitenden Ideen gewinnen lassen, die in der «Geisteswissenschaft» Rudolf Steiners ihren Ursprung haben. Die «Philosophie über den Menschen», die Steiner aus einer vorurteilslosen Zusammenführung von sinnengebundener empirischer Forschung der üblichen Art («Anthropologie») und übersinnlicher Geistesforschung («Anthroposophie») hervorgehen sieht,[17] erweist sich hier als konsistent durchdachter Ideenzusammenhang ebenso wie als brauchbarer Leitfaden für die Lebenspraxis. Auch erste Folgen für Rechtsprechung und Verwaltungspraxis zeichnen sich ab. Neue Berufsbilder für Ärzte, Pfleger, Therapeuten werden definiert, entsprechende Ausbildungsprofile entwickelt und festgeschrieben, Zulassungsverordnungen und Regeln für die Kostenerstattung diskutiert. Was Steiner

---

16 Siehe dazu auch Helmut Kiene: *Komplementäre Methodenlehre der klinischen Forschung.* Cognition-based Medicine. Berlin: Springer, 2001, sowie Gunver S. Kienle u.a.: Evidenzbasierte Medizin. Konkurs der ärztlichen Urteilskraft? In: *Deutsches Ärzteblatt.* 15. August 2003.
17 Rudolf Steiner: *Von Seelenrätseln*, GA 21, S.11 ff.

aus «übersinnlicher» Wahrnehmung gewonnen hat, ist offensichtlich erfolgreich in der modernen Lebenspraxis angekommen.

Nun kann man nicht erwarten, dass ein renommierter Fachverlag, der es immerhin wagt, den anthropologischen und medizintheoretischen Argumenten einer durchaus noch umstrittenen «besonderen Therapierichtung» freien Raum zu geben, den Mut aufbrächte, seine Toleranz auch noch auf eine Darstellung der «esoterischen» Seite der anthroposophischen Medizin auszudehnen. Und für den Zweck, Leitgedanken für ein neues medizinisches Paradigma im Hinblick auf die exemplarische Problematik der Misteltherapie vorzutragen, mag das ja auch gar nicht notwendig sein. Es lässt sich jedoch schwerlich bezweifeln, dass Rudolf Steiner zwar mit seinen philosophischen Frühschriften, seinen großen Entdeckungen im naturwissenschaftlichen Nachlass Goethes, seiner *Geheimwissenschaft im Umriß*, seinen menschenkundlichen Betrachtungen für Ärzte und Lehrer ein breites Gedankenfundament für die so notwendige «Erweiterung der Heilkunst durch geisteswissenschaftliche Erkenntnisse» gelegt hat, ein Fundament, welches in der Geschichte der Medizin auch schon für sich allein einen hervorragenden Platz einnehmen könnte, dass er aber – in enger Zusammenarbeit mit Ita Wegman – darüber hinaus einen esoterischen Übungsweg für Ärzte veranlagt hat, von dem er sich sehr viel mehr versprach als nur die Erneuerung eines wissenschaftlichen Paradigmas. «Die Merkurweisheit will sich verkörpern, bildet ein Gefäß!» schreibt Wegman an junge Mediziner, aus deren Kreis Steiner kurz vor seiner gesundheitlichen Krise im Herbst 1924 die Kerngruppe der medizinischen Sektion der Freien Hochschule für Geisteswissenschaft zusammenholen kann: sehr junge Leute, zum Teil noch im Studium, weil die älteren, an die sich Steiners Medizinerkurse der vorangegangenen Jahre gerichtet hatten, sich nicht auf die jetzt erst auftretenden intimeren Intentionen einlassen konnten.[18] Was es damit auf sich hatte, wird bis heute nur sehr anfänglich verstanden. Einzelne Kenner wissen, dass in den beiden «Jungmedizinerkursen» vom Januar und vom April 1924 von drei Stufen der ärztlichen Ausbildung die Rede ist, von denen nur die erste sich mit wissenschaftlichen Studien im engeren Sinne befassen soll, sodann vom Meditieren, von der Ausbildung eines besonderen «Natursinns», vom «Mut» zum Heilen und anderen moralischen Qualitäten. Öffentlich besprechbar scheint das alles noch nicht zu sein, und so gehört es wohl auch nicht in ein Handbuch der anthroposophisch orientierten Misteltherapie, wohl aber doch in jedes wirklich umfassende Bild der anthroposophisch erneuerten Medizin. Die von Steiner intendierte neue Heilkunst war nicht nur ein wissenschaftlicher oder ein sozialer, sie war auch ein *esoterischer* Versuch.

Ganz ähnlich verhält es sich mit den «esoterischen» Partien des Landwirtschaftlichen Kurses, auf den sich die Demeter-Bauern berufen, mit den ursprünglich streng sekretierten Kursen für das Lehrerkollegium der ersten Waldorfschule oder denen für die Priester der Christengemeinschaft, mit dem Heilpädagogischen Kursus des Jahres 1924, mit Kursen für Eurythmisten und Schauspieler. Waren die Inhalte dieser Lehrveranstaltungen an die besondere historische Situation der zwanziger Jahre

---

18 Ita Wegman an Hilma Walter, Brief vom 25.8.1924. Zitiert nach Peter Selg: *Die Briefkorrespondenz der «jungen Mediziner»*. Dornach: Natura Verlag im Verlag am Goetheanum, 2005, S. 129.

des vorigen Jahrhunderts gebunden? Sind sie heute noch von Wert? Haben wir auch nur einigermaßen verstanden, worum es dabei ging? Als Steiner zu Weihnachten 1923 die Freie Hochschule für Geisteswissenschaft begründete, kennzeichnete er es als deren Aufgabe, volle Öffentlichkeit mit «echter, wahrer Esoterik» zu verbinden.[19] Müssen wir womöglich lernen, über diese «Esoterik» öffentlich zu reden, um sie ganz zu verstehen?

Steiners Anthroposophie, wie sie gegenwärtig erscheint, wird von einigen als geniale Arbeitshypothese aufgefasst, von anderen als Glaubensinhalt oder ehrwürdiger Traditionsstrom, von wieder anderen als eine Art Steinbruch, aus dem sich jeder holen kann, was er für seine individuellen Bedürfnisse brauchbar findet (wogegen nichts zu sagen ist). Wie sie sich ausnimmt, wenn wir sie als *Esoterik* ernstnehmen, ist für viele von uns – soweit wir uns überhaupt dafür interessieren – eine offene Frage.

---

19 GA 260, S. 92.

3.
Ist Esoterik als Wissenschaft vom «Geist» nach dem Modell der Naturwissenschaften denkbar?

Es liegt auf der Hand, dass gegenwärtig das Selbstverständnis und die weitere Entwicklung anthroposophischer Esoterik mit der beschriebenen veränderten Lage in den Kulturwissenschaften vor erhebliche Herausforderungen gestellt sind. Einerseits eröffnen sich jetzt Gesprächsmöglichkeiten, die helfen können, verbreitete Vorurteile einzudämmen, den Sinn und die Lebensnotwendigkeit anthroposophischer Berufsesoterik (man denke nur an die umstrittenen Präparate der biologisch-dynamischen Landwirtschaft!) rational auch nach «außen» zu vertreten, Argumente für Sympathisanten wie für Zweifler und Kritiker bereitzustellen: Ein weites Feld für neue Überzeugungsarbeit zeichnet sich ab. Andererseits ist mit neuer Kritik auf höherem Niveau zu rechnen.[20] Es besteht die

20 Ein bemerkenswerter Auftakt dazu ist die neuere Diskussion über das umfangreiche historisch-kritische Werk von Helmut Zander: *Anthroposophie in Deutschland*. Theosophische Weltanschauung und gesellschaftliche Praxis 1884-1945. Göttingen: Vandenhoeck & Ruprecht, 2007, das eine Fülle von Einzelheiten aus dem Umfeld von Steiners Wirken zusammenträgt, in forschungsmethodischer Hinsicht und in seinen gewagten, stellenweise rein spe-

Gefahr, dass Steiners Anthroposophie sehr viel gezielter als bisher als eklektisches Restprodukt älterer Strömungen beschrieben und mit neuer wissenschaftlicher Autorität als eine Art Auslaufmodell abqualifiziert werden wird. Damit würden dann auch die leitenden Ideen, die davon abgeleiteten Forschungsstrategien und Praxisversuche in vielen Berufsfeldern in Misskredit geraten.

Im Hinblick hierauf erscheint eine Entdeckung der akademischen Esoterik-Forschung von Interesse, die bei genauerem Hinsehen auch die Anthroposophie zu betreffen scheint. Im Verlauf des 19. Jahrhunderts stellte der überwältigende Erfolg der modernen Naturwissenschaft mit bis dahin für unerschütterlich gehaltenen religiösen Auffassungen auch vieles aus dem Gedankengut gnostisch-hermetischer Überlieferung radikal in Frage. Die christliche Theologie reagierte darauf, indem sie sich mit neuen Argumenten auf ein engeres Feld der Glaubenswahrheit zurückzog, in untergeordneten Fragen Freiräume zugestand und nicht unbedenkliche Kompromisse mit dem materialistischen Zeitgeist schloss. Esoterisch engagierte Menschen verabschiedeten sich von ihrer bis dahin selbstverständlichen Verwurzelung in christlichen Traditionen, suchten nach Anschluss an fernöstliche Weisheitslehren (die sich dann im Lauf des

kulativen Schlussfolgerungen aber keineswegs überzeugt. Kritisch dazu Jörg Ewertowski: Der bestrittene geschichtliche Sinn. In: *Anthroposophie* 4/2007, Nr. 242, S. 292–304; Günter Röschert: Anthroposophie aus skeptizistischer Sicht. In: *Die Drei* 10/2007, S. 33-41; Rahel Uhlenhoff: Kampf der Wissenschaftskulturen. In: *Info 3* 10/2007, S.28–34. Peter Selg: Helmut Zander und seine Geschichte der anthroposophischen Medizin. In: *Der Europäer* Jg. 12, Nr. 1 (November 2007), S. 20–25; Christoph Strawe: Helmut Zanders Missverstehen der sozialen Dreigliederung. In: *Sozialimpulse* 4/2007, S. 5–15.

20. Jahrhunderts besonders in den USA zumindest auf dem Niveau abstrakter Philosophie als zwanglos kompatibel mit der modernen Physik erwiesen) oder rechtfertigten ihre Spiritualität durch spiritistische Experimente. Der einflussreiche Theosoph Wilhelm Hübbe-Schleiden, mit dem Steiner während seines Wirkens in der Theosophischen Gesellschaft viel zu tun hatte, bastelte an «ätherischen» und «astralischen» Atom-Modellen.[21] Für manche – man denke an Carl Gustav Jung oder den berühmten Eranos-Kreis – erschien auch die neue Wissenschaft der Tiefenpsychologie als Bezugsfeld attraktiv. Jedenfalls ist im Verlauf des 19. Jahrhunderts unter Esoterikern eine deutliche Tendenz zum Abrücken von religiös fundierten Positionen zu beobachten, zur Verweltlichung oder *Säkularisation*.[22]

Diese Tendenz scheint nun zunächst auch Rudolf Steiner zu betreffen. Dessen radikale Absage an überlieferte Glaubenswahrheiten und zentral verwaltete kirchliche Dogmatik wird durch seine späteren Äußerungen über das Mysterium von Golgatha und seine anthroposophische Christologie nicht relativiert. Seine Nähe zu Haeckel und Nietzsche bleibt bestehen. Aber er verfällt damit nicht den zeitgenössischen Suggestionen des positivistischen Materialismus. Das Auftreten der modernen Naturwissenschaft verführt ihn nicht zur Anpassung, sondern wird als eine notwendige Herausforderung für die Weiterentwicklung spiritueller Geistigkeit aufgefasst. «Die kalte Technik», schreibt Steiner über die pessimistische Kulturkritik Os-

21 Vortrag vom 15.6.1923, GA 258. Siehe dazu auch Emil Bock: *Rudolf Steiner. Studien zu seinem Lebensgang und Lebenswerk*. Stuttgart: Verlag Freies Geistesleben, 1961, S. 168 ff., sowie Zander 2007 (siehe Anm. 20).
22 Hanegraaff 2004 (siehe Anm. 4).

wald Spenglers, «gibt dem Menschendenken ein Gepräge, das in die Freiheit führt. Zwischen Hebeln, Rädern und Motoren lebt nur ein toter Geist; aber in diesem Totenreiche *erwacht* die freie Menschenseele. Sie muss den Geist in sich erwecken, der vorher nur mehr oder weniger träumte, als er noch die Natur beseelte. Aus dem träumenden wird waches Denken an der Kälte der Maschine.»[23] Für Steiner war das materialistische Denken des 19. Jahrhunderts ein notwendiges Durchgangsstadium auf dem Weg zur Wiederbelebung übersinnlichen Wahrnehmens. Aufschlussreich für diese Einstellung sind auch seine Notizen über die historischen Voraussetzungen für das Erscheinen einer neuen, öffentlich wirkenden Form von Esoterik, die in seinen Aufzeichnungen für Edouard Schuré in Barr im Elsass vom September 1907 auftauchen. Diese Esoterik werde – nach Christian Rosenkreutz, ihrem Inspirator – «um die Wende des 19. und 20. Jahrhunderts» auftreten, «wenn die äußere [d. h. nicht esoterische] Naturwissenschaft zur vorläufigen Lösung gewisser Probleme gekommen sein werde.» Und weiter:
«Als diese Probleme bezeichnete Christan Rosenkreutz:
1) Die Entdeckung der Spektralanalyse, wodurch die materielle Konstitution des Kosmos an den Tag kam.
2) Die Einführung der materiellen Evolution in die Wissenschaft vom Organischen.
3) Die Erkenntnis der Tatsache eines anderen als des gewöhnlichen Bewusstseinszustandes durch die Anerkennung des Hypnotismus und der Suggestion.»[24]
Mit anderen Worten: Nach Steiner konnte eine für unse-

---

23 GA 36, S. 85
24 GA 262 (2002), S. 23. Hierzu Röschert (siehe Anm. 15), S. 158 f.

re modernen Lebensverhältnisse zeitgemäße Esoterik erst entwickelt werden, als die «Entzauberung der Welt» (Max Weber) stattgefunden hatte, die darwinistische Evolutionslehre anerkannt war und die moderne Tiefenpsychologie Siegmund Freuds und seiner Schule unterschiedliche Arten von Bewusstsein allgemein denkbar gemacht hatte. Auch bei Rudolf Steiner also lässt sich eine Tendenz zur «Säkularisierung» feststellen, in besonders radikaler und philosophisch grundsätzlicher Form sogar. Aber sein Vorgehen bei der «Verweltlichung» von Esoterik stellt kein Anpassungsmanöver dar. Steiner akzeptiert die moderne Wissenskultur als notwendige Grundlage für eine *Höherentwicklung* alter Esoterik.

Allenfalls ließe sich fragen, ob Steiners anhaltendes Insistieren auf eine der anerkannten Naturwissenschaft ebenbürtige «Wissenschaft» vom Geist angesichts der neueren wissenschaftstheoretischen Diskussion nicht inzwischen überholt sei. Steiner fühlte sich angesichts der geistigen Lage seiner Zeit dazu gedrängt, Anthroposophie als eine konkurrenzfähige *Tatsachen*wissenschaft zu vertreten. Haben wir vielleicht inzwischen Anlass, seine bewundernswerte Lehre als Wissenschaft von *Möglichkeiten* aufzufassen?

4.
Traditionelle Esoterik : archaisches Erleben in fossilisierter Form

Im Dezember 1942, kurz vor ihrem Tode, hatte Ita Wegman, die Ärztin und enge Mitarbeiterin Steiners, der wir die erste große Welle der Ausbreitung anthroposophischer Medizin verdanken, ein langes Gespräch mit Werner Pache, dem ihr besonders verbundenen Heilpädagogen, über die zu erwartenden Entwicklungen nach dem Ende des Zweiten Weltkriegs. Es war damit zu rechnen, dass eine Besetzung Deutschlands durch die Kräfte des russischen Bolschewismus dort jede spirituell orientierte Arbeit lahm legen würde. Pache notiert in sein Tagebuch: «Dann möchte sie nach Deutschland gehen, ganz alleine, von Freund zu Freund und Bewusstsein vom Wirken der Geistigen Welt aufrecht erhalten.»[25] Die bedeutende Schülerin und Weggefährtin des Begründers der Anthroposophie sah sich, nach einer Kette persönlicher und zeitgeschichtlicher Katastrophen, vor die Möglichkeit vollkommenen Scheiterns gestellt. In dieser finsteren Lage blieb ihr als sicherer Halt die zentrale Botschaft ihres Lehrers: Es gibt eine «Geistige Welt», und diese Welt wirkt weiter.

25 Peter Selg: *Die letzten drei Jahre. Ita Wegman in Ascona 1940–1943*. Dornach: Verlag am Goetheanum, 2004, S. 85.

Nun ist die Existenz einer «Geistigen Welt» oder gar deren Einwirken auf die uns vertraute Welt des an die Sinne gebundenen Wahrnehmens von Seiten der akademischen Esoterik-Forschung einstweilen nicht diskutierbar. Diese Forschung kann zwar feststellen, dass es seit den ältesten historisch fassbaren Zeiten Menschen gab, denen ein Erfahrungsgebiet jenseits unserer Sinneswelt eine selbstverständliche Gewissheit war, und dass es auch noch im zwanzigsten Jahrhundert und in der Gegenwart einzelne spirituelle Lehrer gab und gibt, die Wege zur Erfahrung in diese Welt des «Geistes» beschreiben.[26] Sie kann die vielfältigen Bezüge solcher Beschreibungen und ihrer Ergebnisse zur Geschichte des Hermetismus oder anderer esoterischer Strömungen untersuchen, allerlei Filiationen, Berührungen, Wechselwirkungen aufdecken, die sozial- und kulturgeschichtlichen Folgen darstellen und analysieren: Vor einer Diskussion der ursprünglich auslösenden *Erfah-*

26 Hanegraaff verweist auf René Guénon, Ananda Coomaraswamy, Frithjof Schuon, Julius Evola und Seyyed Hossein Nasr. (Siehe dazu auch Hanegraaff über «Tradition» und W. Quinn über Guénon und seine Nachwirkungen in Hanegraaff 2006 (siehe Anm. 2), S. 442 ff. und 1125 ff.) Er bezeichnet diese Autoren als «Erben» der *prisca theologia* oder *philosophia perennis*, die mit dem Hermetismus der Renaissance verbunden war, stellt fest, dass sie von «metaphysischen» Prinzipien ausgehen und die notwendige Beschränkung wissenschaftlichen Forschens auf rein historische und soziologisch beschreibbare Tatbestände als verfehlt zurückweisen und zieht damit eine Trennlinie zwischen existentiell legitimierter dogmatischer Überzeugung und neutral beschreibender Perspektive, die nur von Grenzgängern wie Mircea Eliade oder Huston Smith verwischt werde. Damit hält er – verständlicher Weise – von den Vertretern der neueren Esoterik-Forschung den Verdacht fern, sie wollten sich für weltanschauliche Propaganda einspannen lassen (Hanegraaff 2004, S. 500).

rungen, die solchen Strömungen zugrunde liegen, muss sie sich gegenwärtig noch hüten. Sie kommt da in schwieriges Gelände.

Die von den Hermetikern der italienischen Renaissance und ihren Nachfolgern so eifrig tradierte Überzeugung von der Existenz einer Urweisheit, die allen so gegensätzlichen Religionen gemeinsam zugrunde liege, einer *philosophia perennis*, in der berühmten Ringparabel Nathans des Weisen bei Lessing zum Leitmotiv aufgeklärter Toleranz erhoben, ist nach gegenwärtigem Kenntnisstand mit historisch-wissenschaftlichen Mitteln nicht zu rechtfertigen. Auch wenn jetzt klar ist, dass die ehrwürdigen verborgenen Strömungen der Geistesgeschichte, die etwas unbestimmt mit dem Sammelbegriff «Esoterik» bezeichnet werden, keineswegs nur der Geschichte des Aberglaubens zuzurechnen sind, dass sie vielmehr den sozialen, den kulturellen und sogar den wissenschaftlichen Fortschritt des Abendlandes und der Welt in erstaunlichem Ausmaß bereichert haben und deshalb weit mehr Aufmerksamkeit verdienen, als ihnen bisher zuteilgeworden ist: Die neuere Forschung muss behaupten, dass jene Strömungen keinen realen Kern haben, dass sie sich – wiewohl von größter historischer Wirkung – nur als Fiktionen deuten lassen. So gilt Dionysius Areopagita, vielleicht der größte Inspirator der Kultur des christlichen Mittelalters, nur als ein «Pseudo-Dionysius», weil die unter seinem Namen veröffentlichten Schriften nachweislich nicht zur Zeit des Apostels Paulus, der ihn bekehrt haben soll, sondern frühestens gegen Ende des 5. Jahrhunderts geschrieben worden sind. Die geheimnisvolle Gestalt des Christian Rosenkreutz erscheint als das Phantasieprodukt eines kleinen Gelehrten- und Studentenkreises in der Universitätsstadt Tübingen zu Beginn des 17.

Jahrhunderts. Der dreimal mächtige Hermes, legendärer Urvater des Corpus hermeticum, der Platonischen Akademie in Florenz und der Alchimisten, ist erst zu Beginn unserer Zeitrechnung in Alexandrien erfunden und von dort ins ägyptische Altertum zurückprojiziert worden. Einen Zarathustra als Urvater esoterischer Weisheit hat es nie gegeben, und auch die ältesten Traditionen der Freimaurer sind nichts als Legende.

Was aber, wenn es die großen Eingeweihten der Vorzeit nicht gegeben hat, war dann am Anfang? Wo liegen die Ursprünge der geheimnisvollen Bilder, Symbole, Rituale der «esoterischen» Tradition, aus denen erst spät die uns bekannten Ideensysteme hervorgegangen sind? Lucien Lévy-Bruhl kennzeichnete bei seinen Forschungen zum «prä-logischen» Denken damals sogenannter «primitiver» Kulturen das Verhältnis archaischer Menschen zur Welt mit dem Begriff der «Partizipation», der existentiellen Teilhabe.[27] Dieser bahnbrechende Schlüsselbegriff ist inzwischen durch den englischen Kulturphilosophen und Sprachforscher Owen Barfield, der sich als Schüler Steiners verstand, wesentlich präzisiert worden.[28] Jan Assmann hat in seiner Studie zum altägyptischen Begriff der «Ma'at» gezeigt, dass den griechischen Vorstellungen von einem nach Vernunftprinzipien geordneten, gedanklich überschaubaren, statischen Kosmos eine fließende, bewegte, mit tiefgreifender Emotion erlebte Bilderwelt vorausgegangen ist, die den Menschen des dritten und des

27 Lucien Lévy-Bruhl: *Das Denken der Naturvölker*. Wien und Leipzig: Wilhelm Braumüller, 1926.
28 Owen Barfield: *Saving the Appearances. A Study in Idolatry*. Middletown: Wesleyan University Press, ²1988. Deutsch: *Evolution – Der Weg des Bewusstseins*. Aachen: N.F. Weitz Verlag, 1991.

beginnenden zweiten vorchristlichen Jahrtausends das Bewusstsein verlieh, durch ihr Verhalten die Lebensprozesse des Universums fortwährend mitverantwortlich in Gang zu halten.[29] Weiteres Licht auf die so schwer zu fassende Eigenart ältester Bewusstseinszustände der Menschheit werfen die detaillierten Untersuchungen Ernst Cassirers zu einer «Philosophie der symbolischen Formen». Dort wird gezeigt, dass jenes archaische Bewusstsein nicht etwa eine Gegenstandswelt, wie wir sie heute vor uns haben, nachträglich belebte, sondern dass sich eine solche Gegenstandswelt erst mit der Zeit aus bewegten, fließenden Ausdruckserfahrungen herausgebildet hat. «Das ‹Verstehen von Ausdruck›», schreibt Cassirer, «ist wesentlich früher als das ‹Wissen von Dingen›.»[30] Offensichtlich besteht kein Anlass, gegenüber den Rätselfragen des Ursprungs, die in der kulturgeschichtlichen Esoterik-Forschung bisher für unlösbar gehalten werden, zu resignieren. Es gibt vielversprechende Ansätze für weitere Entdeckungen auf diesem Gebiet.

Von höchstem Interesse in diesem Zusammenhang sind

29 Jan Assmann: *Ma'at. Gerechtigkeit und Unsterblichkeit im Alten Ägypten*. München: C. H. Beck, 1990.

30 Ernst Cassirer: *Philosophie der symbolischen Formen*. Bd. 3. Darmstadt: Wissenschaftliche Buchgesellschaft, 1982, S. 74. Einführend: Ernst Cassirer: *Versuch über den Menschen*. Frankfurt: S. Fischer, 1990. Inzwischen werden die Entdeckungen Cassirers mit den entwicklungspsychologischen Forschungsergebnissen Jean Piagets in Beziehung gesetzt. Siehe Reto Fetz: Genetische Semiologie? Symboltheorie im Ausgang von Ernst Cassirer und Jean Piaget. In: *Freiburger Zeitschrift für Philosophie und Theologie* 28 (1981), S. 434-470. Ders.: Nachahmung, Spiel und Kunst. Fragen einer genetischen Ästhetik. In: *Freiburger Zeitschrift für Philosophie und Theologie* 29 (1982), S. 489-508.

neuere Forschungsergebnisse und Spekulationen einer amerikanischen Arbeitsgruppe, die von ausgedehnten Studien sehr früher religiöser Texte ausgeht.[31] Schon länger war bekannt, dass ein holistisches Denken in *Entsprechungen*, die alles mit allem im Kosmos in Beziehung setzen, besonders in den ältesten Schriftzeugnissen der chinesischen Kultur verbreitet war. Die Autoren fanden nun heraus, dass auch in den hinduistischen und buddhistischen Quellen Indiens, in den Grabinschriften des Alten Ägypten und in den neuerdings lesbaren Texten versunkener mittelamerikanischer Kulturen ähnliche Denkformen auftreten. Zunächst lässt sich feststellen, dass die ältesten Zeugnisse dieser Art aus einer Art Traumsphäre zu stammen scheinen und zunächst noch gar keine deutliche «korrelative» Struktur aufweisen. Aus ethnographischen Feldstudien meinen die Autoren schließen zu können, dass es sich bei den detailliert geschilderten Inhalten jener sehr alten Texte um «idiosynkratische Schamanen- oder Traum-Erfahrungen» handelt, die noch keine Schlussfolgerungen über die später daraus hervorgehenden Beziehungssysteme erlauben. Erst in der zweiten Hälfte des ersten vorchristlichen Jahrtausends, besonders in der von Karl Jaspers sogenannten «Achsenzeit», bilden sich erste Begriffe von abstrakten Dichotomien wie etwa Brahman / Atman, Himmel / Erde, yin / yang, begrenzt / unbegrenzt, Sein / Werden, deren mystischer Hintergrund noch deutlich fassbar ist. Zugleich treten komplizierte Korrelationssysteme auf, die weit auseinanderliegende Erfahrungsgebiete

---

31 Steve Farmer, John B. Henderson, Michael Witzel: Neurobiology, Layered Texts, and Correlative Cosmologies: A Cross-Cultural Framework for Premodern History. In: *Bulletin of the Museum of Far Eastern Antiquities* 72, 2000, S. 48–90.

miteinander verbinden: Raumesrichtungen, Farben, Töne, Geschmacks- und Geruchsphänomene, rituelle Metren, soziale oder politische Ordnungen, Tugenden, Laster, Gesten und andere, für uns völlig disparate Erscheinungen. Um die Zeitenwende haben sich dann bereits feste Bezugsmuster eingespielt, die lange bestehen bleiben, bis ins Detail weiter ausgearbeitet werden und schließlich in elaborierten scholastischen Systemen wie denen des christlichen Hochmittelalters ihre letzte Form finden. Eine Erklärung für diesen weltweit wirksamen Prozess der abstrakten Begriffsbildung mit anschließender Erstarrung in korrelativen Systembildungen suchen die Autoren in jüngsten Ergebnissen der neurologischen Forschung, die zeigen, dass die funktionelle Vernetzung von Nervenzellen im Gehirn in den stammesgeschichtlich älteren Regionen dieses Organs beginnt und dann im Vorderhirn (präfrontalen Kortex) die höchsten intellektuellen Fähigkeiten des Menschen fundiert. Stellenweise treten noch Reste archaischer Begriffsbildungen in hochgradig abstrakten philosophischen Systemen auf, etwa wenn Aristoteles die Elemente danach «streben» oder sich «sehnen» lässt, ihren natürlichen Platz im Raum einzunehmen, oder wenn ein abstrakter Kraftbegriff in China, Indien, aber auch in Westeuropa offensichtlich auf primitive Vorstellungen eines göttlichen oder kosmischen «Atems» zurückgeht (*qi, prana, pneuma, spiritus* usw.).

Ein schönes Beispiel für den welthistorischen Differenzierungs- und Erstarrungsvorgang, der sich hier zeigt, gibt der niederländische Kulturhistoriker Johan Huizinga in seinem Buch *Herbst des Mittelalters* aus dem Bereich des religiösen Denkens und der begleitenden Entwicklungen in Malerei und Architektur des 14. und 15. Jahrhunderts. Er geht dem «Symbolismus» des mittelalterlichen Denkens nach und schreibt:

«Die Psychologie mag geneigt sein, allen Symbolismus mit der Bezeichnung Ideenassoziation abzutun. Die Geschichte der Geisteskultur jedoch hat diese Denkform ehrfürchtiger zu betrachten. Der Lebenswert der symbolischen Erklärung alles Bestehenden war unschätzbar. Der Symbolismus schuf ein Weltbild von ungleich strengerer Einheit und innigerem Zusammenhang, als das kausal-naturwissenschaftliche Denken es zu geben vermag. Er umspannte mit seinen starken Armen das weite Reich der Natur und die ganze Geschichte. Er schafft sich darin eine feste Rangordnung, eine architektonische Gliederung, einen hierarchischen Aufbau. Denn in jedem symbolischen Zusammenhange muss eines tiefer und eines höher stehen; gleichwertige Dinge können einander nicht als Symbol dienen, sondern sie können einzig gemeinsam auf ein Drittes, Höheres hinweisen. Im symbolischen Denken ist Raum für eine unermessliche Vielfältigkeit von Beziehungen der Dinge zueinander. Denn jedes Ding kann mit seinen verschiedenen Eigenschaften gleichzeitig Symbol für vielerlei sein, es kann auch mit ein und derselben Eigenschaft verschiedenes bezeichnen; die höchsten Dinge haben tausenderlei Symbole. Kein Ding ist zu niedrig, als dass es nicht das Höchste bedeuten und zu seiner Verherrlichung dienen könnte. Die Walnuss bedeutet Christus: der süße Kern ist die göttliche Natur, die fleischige äußere Schale die menschliche, und die holzige Schale dazwischen ist das Kreuz. Alle Dinge bieten dem Emporsteigen des Gedankens zum Ewigen Stütze und Halt; alle heben einander von Stufe zu Stufe empor. Das symbolische Denken stellt sich dar als ein fortwährendes Einströmen des Gefühls von Gottes Majestät und Ewigkeit in alles Wahrnehmbare und Denkbare. Es lässt das Feuer des mystischen Lebensgefühles niemals erlöschen. Es durchdringt die Vorstellung jedes Dinges mit höherem ästhetischem und ethischem Wert. Man stelle sich eine Welt vor, in der jeder Edelstein im Glanze all seiner symbolischen Werte funkelt, in der das Einssein von Rose und Jungfräulichkeit mehr ist als ein dichterisches Sonntagskleid, in der sie das *Wesen* beider umfasst. Es ist eine wahre Polyphonie der Gedanken. Wie durchdacht ist alles! Jede Vorstellung bringt einen harmonischen Akkord von Symbolen zum Klingen. Das symbolische Denken schenkt jenen Rausch der Gedanken, jenes präintellektuelle Verfließen der Identitätsgrenzen der Dinge, jene Dämpfung des verstandesmäßigen Denkens, die das Lebensgefühl auf seinen Gipfel emporheben.»[32]

Im symbolischen Denken liegt aber – so Huizinga – «von alters her die Neigung ... zu reinem Mechanismus zu erstarren.»[33] Es wird ein «eitles Spiel» daraus, ein «oberflächliches Phantasieren aufgrund einer rein äußerlichen Gedankenverknüpfung.»[34] Damit ist – wie man aus anthroposophischer Perspektive hinzufügen kann – das Bewusstsein vom «geistigen» Ursprung der Bilder und Symbole verlorengegangen. Mit Bezug auf ein wegweisendes Paulus-Wort schreibt Huizinga abschließend:

«Der Symbolismus war ein unzulänglicher Ausdruck für Zusammenhänge, wie sie uns manchmal beim Hören von Musik zum Bewusstsein kommen. – *Videmus nunc per*

---

32 Johan Huizinga: *Herbst des Mittelalters*. Stuttgart: Kröner, ¹¹1973, S. 290 ff.
33 Ebd., S. 293.
34 Ebd., S. 295.

speculum in aenigmate. [1. Kor. 13, 12] Man wusste, dass man in ein Rätsel sah, und dennoch hat man danach getrachtet, die Bilder im Spiegel zu unterscheiden, hat Bilder durch Bilder erklärt und Spiegel gegenüber Spiegel gesetzt. Da lag nun die ganze Welt, Bild geworden, in selbständigen Figuren: es ist eine Zeit der Überreife und des Ausblühens. Das Denken war allzu abhängig von der Anschauung, die dem ausgehenden Mittelalter so eigentümliche visuelle Anlage war jetzt übermächtig geworden. Alles, was gedacht werden konnte, hatte eine plastische oder bildliche Form gewonnen. Das Denken selbst konnte nun zur Ruhe gehen: die Vorstellung von der Welt war so unbeweglich, so starr geworden wie eine Kathedrale, die im Mondenlicht schläft.»[35]

In der Gedankenwelt Steiners handelt es sich bei diesem mehr als zweitausend Jahre umfassenden Verfestigungs- und Erstarrungsprozess, der in der anthroposophischen Kulturepochenlehre als Zeitalter der «Verstandes- und Gemütsseele» bezeichnet wird, um die notwendige Voraussetzung für das Werden von Freiheit und Liebe. Die der Menschheit ursprünglich gegebene Fähigkeit zu lebendiger Erfahrung einer «Geistigen Welt», als deren Nachklang wir die Rituale, Bilder und Mythen alter Kulturen bewundern, musste für diesen Zeitraum gleichsam gelähmt werden, damit die Kraft individuellen Selbstbewusstseins entstehen konnte. Es ist kein Zufall, dass der mystische «Funke» des Meister Eckhart, die philosophischen Grenzgänge des Nikolaus Cusanus und verwandte spirituelle Erfahrungen[36] erst in der

35 Ebd., S 302 f.
36 Siehe dazu Rudolf Steiner: *Die Mystik im Aufgange des neuzeitlichen Geisteslebens und ihr Verhältnis zur modernen Weltanschauung.* GA 7.

Verfallszeit des Hohen Mittelalters auftreten. Mit Beginn der Neuzeit, deren Kulturenwicklungen durch die florentinische Renaissance und ihre hermetische Kernbotschaft von der «Würde des Menschen» (Pico della Mirandola) so folgenreich eingeleitet werden, kann jene alte lebendige Erfahrung der «Geistigen Welt» wieder gewonnen werden: nicht als «Wiederverzauberung» der Welt (Morris Berman), sondern durch Erhellung des Bewusstseins auf neuer Stufe. Was die neuere kulturgeschichtliche Forschung als die korrelativen Systembildungen der erhaltenen Überreste alter esoterischer Traditionen studiert, nimmt sich demgegenüber aus wie die Fossiliensammlung eines paläontologischen Museums.

5.
Steiners Methodenlehre des Erkennens der «höheren Welten»

Den eben erörterten Grundgedanken der anthroposophischen Evolutionslehre vorausgesetzt, lässt sich sogleich verstehen, warum Steiner in so vielfältiger Form an alte spirituelle Traditionen anknüpft und warum er in diesen Traditionen bevorzugt diejenigen Motive aufgreift, die dem archaischen «Hellsehen» noch nahe stehen: altgriechische Vorstellungen von den vier Elementen, den Körpersäften, den Temperamenten, die wohl ursprünglich orphische Vorstellung der Einheit von Mittelpunkt und Umkreis,[37] mythische Bilder aus den Kulturen Indiens, des Zweistromlandes, Ägyptens oder aus der nordischen Edda, die Engellehre des Dionysius Areopagita, Legenden vom Heiligen Gral, alchimistische und astrologische Überlieferungen. Er tut das nicht, um sie – als genialer Eklektiker, wie manche Kritiker gemeint haben – zu einem eigenen «System» zusammenzubauen, sondern um an ihnen durchaus originäre, eigene Vorstellungen über einen möglichen neuen Zugang zur «Geistigen Welt» zu verdeutlichen.

Eigenartigerweise gibt es bis heute keine hinreichend de-

---

[37] Siehe dazu Dietrich Mahnke: *Unendliche Sphäre und Allmittelpunkt. Beiträge zur Genealogie der mathematischen Mystik*. Halle: Niemeyer, 1937.

taillierte Beschreibung des immanenten Zusammenhangs und der Entwicklung dieser Vorstellungen im Werk Steiners. Die Erkenntnistheorie der Frühschriften, der *Philosophie der Freiheit* von 1893 und der Goetheschriften, ist in einer Fülle von Untersuchungen breit erforscht worden, nicht aber das, was Steiner im Jahre 1908 als «Erkenntnislehre der Geheimwissenschaft» bezeichnet: seine in immer wieder neuen Anläufen mit anhaltender selbstkritischer Bemühung erarbeitete *Methodenlehre des übersinnlichen Erkennens*.

Wie hat sich diese Methodenlehre bei Steiner im Lauf der Zeit entwickelt? Bis in die Zeit des Ersten Weltkriegs hinein lassen sich bei ihm zwei getrennte Ströme des Suchens und Nachdenkens verfolgen: zum einen seine schon früh einsetzenden erkenntnistheoretisch-philosophischen Bemühungen um die konsequente Fundierung eines modernen «monistischen» Weltbildes unter Einbeziehung der im naturwissenschaftlichen Werk Goethes verborgenen Forschungsprinzipien,[38] zum anderen die im Rahmen seiner Tätigkeit für die Theosophische Gesellschaft ab 1901 hervortretenden Versuche, sich für eine zunächst noch sehr kleine Schar daran interessierter Zuhörer und Leser über «esoterische» Sachverhalte zu äußern.[39] Es sei hier daran erinnert, wie sich Steiner schon als junges Kind vor die Schwierigkeit gestellt sah, niemanden zu finden, mit dem er über gewisse Wahrnehmungen, die er zu haben glaubte, hätte reden können. «Ich hatte zwei Vorstellungen, die zwar unbestimmt waren, die aber schon vor meinem achten Le-

---

38 GA 1–4 und 6.
39 Siehe Hella Wiesberger: *Rudolf Steiners esoterische Lehrtätigkeit.* Dornach: Rudolf Steiner Verlag, 1997.

bensjahr in meinem Seelenleben eine große Rolle spielten. Ich unterschied Dinge und Wesenheiten, ‹die man sieht› und solche, ‹die man nicht sieht›.»[40] So bleiben die Wahrnehmungen, die er später «übersinnlich» nennen wird, für Jahrzehnte wie im Hintergrund seiner seelisch-geistigen Existenz. Hervorgerufen wird dadurch sein intensives Interesse an erkenntnistheoretischen Fragen, an der Philosophie Kants und des deutschen Idealismus, an der damals noch gar nicht hinreichend erforschten Naturwissenschaft Goethes, an Nietzsche, Darwin und Haeckel, schließlich auch an den großen Mystikern, von Nikolaus Cusanus bis Jakob Böhme. Was er darüber herausfindet, ist öffentlich besprechbar und gewinnt klare Form in zahlreichen Publikationen. Über das andere kann er sich nicht äußern. Es fehlt nicht nur ein Publikum dafür, es fehlt auch an einer angemessenen Begrifflichkeit und Sprache.

Währenddessen wächst bei ihm gegen Ende des Jahrhunderts, angesichts der Triumphe des materialistischen Zeitgeists, die Gewissheit, dass es unendlich wichtig sein könnte, sich über die Realität des «Übersinnlichen» zu äußern. Als sich dann im Jahre 1900 die Gelegenheit bietet, vor dem kleinen Kreis der Berliner Theosophen erste Versuche zu wagen, beginnt ein dramatischer Prozess des Ringens um Ausdruck, der nur fragmentarisch dokumentiert ist, den wir aber doch an Hand einer Reihe von Aufsätzen, Briefen und Vortragsnachschriften hinreichend deutlich verfolgen können. Was sich da zeigt, besteht einerseits in einer Fülle visionär anmutender Schilderungen vielfältiger Eindrücke aus einer «übersinnlichen» Welt, andererseits in mehreren energischen Versuchen, diese Fülle in klare Ge-

---

40 *Mein Lebensgang*, GA 28 (1982), S. 22.

dankenformen zu bringen und zugleich zu beschreiben, *wie* das geschieht. Zu verweisen ist hier auf die Beschreibungen des anthroposophischen Übungswegs in den bekannten Grundlagenwerken, besonders aber auf eine Reihe von Aufsätzen, die später gesammelt unter dem Titel *Die Stufen der höheren Erkenntnis* erschienen sind. Die besonnene Sorgfalt, mit der Steiner hier das Erscheinen übersinnlicher Wahrnehmungen im einzelnen beschreibt, ihr Verhältnis zu Phänomenen der Sinneswelt, auch die im Vorgang des Wahrnehmens zu berücksichtigenden Irrtumsmöglichkeiten und Gefahren, dokumentiert eindrucksvoll den Zuwachs an Methodenbewusstsein und Präzision, der hier schon im Jahre 1908, vier Jahre nach der Erstfassung des Buches *Theosophie,* erreicht worden ist.[41] Weitere Verdeutlichungen bringt, hieran anschließend, die Beschreibung anthroposophischer Übungswege in der *Geheimwissenschaft im Umriss* (1910).

Als ein wichtiger nächster Schritt auf dem hier eingeschlagenen Weg erscheint eine Darstellung, mit der Steiner seine Forschungsansätze auf einem öffentlichen, akademischen Forum vertritt: sein Vortrag beim 4. Internationalen Philosophie-Kongress in Bologna am 8. April 1911 (gewöhnlich als «Bologna-Vortrag» zitiert).[42] Neben der erkenntnistheoretischen Sicherung seines «übersinnlichen» Forschungsweges – «Geistesforschung ist damit als erkenntnistheoretisch denkbar nachgewiesen» – bringt dieser Vortrag eine gegenwärtig in höchstem Grade aktuelle erkenntnis*psychologische* These ins Spiel: die Auffas-

---

41 *Die Stufen der höheren Erkenntnis,* GA 12.

42 GA 35, S. 111–144. Sonderausgabe mit hilfreichem Kommentar von Andreas Neider: *Das gespiegelte Ich.* Dornach: Rudolf Steiner Verlag, 2007.

sung, dass der physische Leib des Menschen nicht als reale Basis des Ichs, sondern nur als *Spiegel* zu denken sei und das Ich sich in den Dingen der Welt *leibfrei* bewege. Man werde – so der entscheidende Satz – «zu einer besseren Vorstellung über das ‹Ich› erkenntnistheoretisch gelangen, wenn man es nicht innerhalb der Leibesorganisation befindlich vorstellt, und die Eindrücke ihm ‹von außen› geben lässt; sondern wenn man das ‹Ich› in die Gesetzmäßigkeit der Dinge selbst verlegt, und in der Leibesorganisation nur etwas wie einen Spiegel sieht, welcher das außer dem Leibe liegende Weben des Ich im Transzendenten dem Ich durch die organische Leibestätigkeit zurückspiegelt.»[43] Damit kamen die beiden bis dahin getrennten Forschungswege Steiners in engere Berührung. Fünf Jahre später erprobt er in seinem Buch *Vom Menschenrätsel* eine neue Ausdrucksform der Annäherung an die Wirklichkeit der Welt in *Bildern*. Seine die Publikation dieses Werkes begleitenden Bemerkungen zur Methode zeigen, wie bewusst er diesen neuen Griff realisiert und welche Wirkungen für ein rationales Vertreten anthroposophischer Esoterik er sich davon versprochen hat.[44]

Im Kriegs-Wendejahr 1917 schließlich ergibt sich für ihn eine Gelegenheit, zu einer Synthese der beiden unterschiedlichen Forschungswege zu gelangen. Der bekannte Berliner Psychologe und Ästhetiker Max Dessoir kritisiert in seinem Buch *Vom Jenseits der Seele* den Okkultismus der «Geheimwissenschaften» und in diesem Zusammenhang auch die Anthroposophie Steiners, in durchaus problematischer Weise, aber publikumswirksam. Steiner antwortet

---

43 GA 35, S. 139.
44 Vortrag vom 18.07.1916, GA 169 (1963), S. 142 ff.

auf diesen Angriff mit seinem Buch *Von Seelenrätseln*. Er geht dabei von der Feststellung aus, dass jede auf Sinnesdaten beruhende Forschung mit ihrem Suchen an Grenzen kommt. Man könne dann an einer solchen Grenze resignieren und sie für unüberwindbar erklären, wie Du Bois-Reymond in seiner berühmten Rede über die Grenzen des Naturerkennens, oder auf dem Wege der Hypothesenbildung versuchen, das nicht Wahrnehmbare logisch zu erschließen. Seine Anthroposophie gehe einen anderen Weg: den des *übenden Verweilens* an den Grenzen des Erkennens. Der Übende gelange auf diesem Weg zu neuen Erfahrungen, die sich mit einem *Tast-Erlebnis* vergleichen ließen. Was die Seele zunächst als Grenze des Erkennens bezeichnet habe, darin sehe sie nun «die geistig-seelische Berührung durch eine geistige Welt».[45]

Steiner formuliert an dieser Stelle in abstrakter Allgemeinheit, was er bis dahin in seinen esoterischen Vorträgen im Rahmen der Theosophischen Gesellschaft ebenso wie in seinen grundlegenden anthroposophischen Einführungsschriften an unterschiedlichen Methoden der Verhaltensschulung, der Wort- und Bildmeditation, aber auch an künstlerischen Übungen, besonders der von ihm entwickelten «Eurythmie», konkret und im Detail eingeführt hat. Später werden auch berufsspezifische Schulungsmethoden hinzukommen, schließlich auch Übungen im Umgang mit dem eigenen Schicksal («Karma-Übungen»), stellt uns doch ein Schicksalsrätsel zuweilen mit besonderer Eindringlichkeit vor Grenzen des Erkennens. Zusammenfassend gelangt Steiner zu einem Schlüsselbegriff seiner Psychologie des übersinnlichen Wahrnehmens: Aus dem

---

45 *Von Seelenrätseln*, GA 21, S. 20 ff.

«*besonnenen Erleben*», das die Seele des übenden Erkenntnissuchers mit den charakterisierten Grenzvorstellungen haben könne, entwickle sich ein differenziertes Wahrnehmen der «geistigen Welt».

Eine weitere Verdeutlichung erfährt das Gemeinte durch den besonderen Begriff vom Wesen des *Vorstellens*, den Steiner hier einführt. Er vergleicht unser gewöhnliches, auf sinnliche Wahrnehmungen bezogenes Vorstellungsleben mit der Verwendung von Weizenkörnern für Nahrungszwecke. Was von Natur aus die Bildung neuer Pflanzen ermöglicht, werde dabei diesem seinem Wesenszweck gewissermaßen entfremdet. «So wenig das Samenkorn es in seinem Wesen vorgezeichnet hat, Nahrung zu werden, so wenig liegt es im Wesen der Vorstellung, nachbildende Erkenntnis zu liefern.» Das seinem Wesen nach übersinnliche Vorstellen – Steiner bezeichnet es auch als ein Leben der Seele in «Imaginationen» – werde durch die Tätigkeit des sinnlichen Wahrnehmens «herabgelähmt» oder auch «abgetötet». «So kommt, wenn die Seele einen Sinneseindruck empfängt, eine Herablähmung des Vorstellungslebens zustande; und die herabgelähmte Vorstellung erlebt die Seele bewusst als den Vermittler einer Erkenntnis der äußeren Wirklichkeit.» Das lebendige Vorstellen verlaufe dabei weiter, bleibe aber zunächst unbewusst. «Die oben gekennzeichneten Grenzvorstellungen sind diejenigen, die sich durch ihre eigene Wesenheit nicht ablähmen lassen, daher widerstreben sie einer Beziehung zur Sinnes-Wirklichkeit. Eben dadurch werden sie [für den übenden Anthroposophen] zu Ausgangspunkten der Geistwahrnehmung.»[46]

---

46 *Von Seelenrätseln*, GA 21, S. 26 f.

Für das Verständnis der Esoterik Steiners kommt der hier entwickelten Psychologie des menschlichen Vorstellens eine Schlüsselfunktion zu. Der von Kritikern gern vorgebrachte Einwand, von einer «Erkenntnis der höheren Welten» als «Wissenschaft» könne keine Rede sein, denn es fehle ihr doch offensichtlich das dafür notwendige Merkmal «intersubjektiver» Gültigkeit und Berichte von «übersinnlichen» Wahrnehmungen seien deshalb nicht verifizierbar, wird dadurch widerlegt. Steiner behauptet nicht apodiktisch, dass seine Aussagen über die «geistige Welt» wahr seien. Er beschreibt, auf welche Weise die zugrundeliegenden «übersinnlichen» Wahrnehmungen *erreicht* werden können, begründet also nicht ihre Faktizität, sondern ihre *Möglichkeit*. Dass die von ihm charakterisierte Situation des «besonnenen Erlebens mit Grenzvorstellungen» eine Veränderung der seelischen Fähigkeiten des Erkenntnissuchers impliziert, ist im Feld wissenschaftlichen Forschens oder sonst im Leben nichts Außergewöhnliches. Auch wer höhere Mathematik oder Kernphysik studiert, Eiskunstlauf oder Fußballspielen, muss dazulernen und sieht dann mehr als andere.

Zugleich aber machen die prinzipiellen Ausführungen des Buches *Von Seelenrätseln* auf den prekären, kontextgebundenen, oft auch unbestimmten, vieldeutigen Charakter aller Aussagen Steiners über die «höheren Welten» aufmerksam, besonders solcher in esoterischem Zusammenhang. Man bedenke nur, was sich daraus ergibt, dass nach Steiners Darstellung «übersinnliche» Wahrnehmungen nicht als solche *erinnert* werden können. Nur die «herabgelähmten», sinnengebundenen Vorstellungen gehen in unser Gedächtnis ein. «Was von der realen geistigen Wahrnehmung unmittelbar in der Erinnerung behalten werden kann, ist nicht diese selbst, sondern die Verrichtung der Seele, durch die man zu der entsprechenden Wahrnehmung gelangt.» Man habe deshalb zu unterscheiden: «1. Seelenvorgänge, welche zu einer geistigen Wahrnehmung führen; 2. geistige Wahrnehmungen selbst; 3. in Begriffe des gewöhnlichen Bewusstseins umgesetzte geistige Wahrnehmungen.»[47]

Steiners einzigartige Lebensleistung besteht nicht darin, dass er übersinnliche Wahrnehmungen gehabt hat. Von solchen Wahrnehmungen haben die großen Mystiker aller Zeiten und viele andere Menschen berichtet. Für Religionswissenschaftler, Ethnologen und Psychologen sind das bekannte, wenn auch – wegen mangelnder Objektivierbarkeit – nicht näher zu erforschende Tatbestände. Steiners Besonderheit liegt in der Präzision seiner erkenntnis-psychologischen Argumente. Es ist zu wünschen, dass diese Argumente durch Forschungen über die vielen unterschiedlichen Versuche Steiners ergänzt werden, geistige Wahrnehmungen in unsere gewohnte Begriffs- und Vorstellungswelt «umzusetzen». Wichtige erste Beobachtungen zur Sprach- und Bildform dieser Versuche liegen bereits vor.[48]

47 *Von Seelenrätseln*, GA 21, S. 142 f.

48 Zum Problem der «Umsetzung» übersinnlicher Wahrnehmungen in «Begriffe des gewöhnlichen Bewusstseins» siehe Rudi Lissau: Geistige Schau und irdischer Ausdruck. In: Rudolf Steiner: *Geistige Schau und irdischer Ausdruck*. Hrsg. von Jean-Claude Lin. Stuttgart: Verlag Freies Geistesleben, 2001, S. 11–49. Martina Maria Sam: *Bildspuren der Imagination. Rudolf Steiners Tafelzeichnungen als Denkbilder*. Dornach: Rudolf Steiner Verlag, 2000. Dies.: *Im Ringen um eine neue Sprache. Rudolf Steiners Sprachstil als Herausforderung*. Dornach: Verlag am Goetheanum, 2004. Michael Bockemühl / Walter Kugler: *DenkZeichen und SprachGebärde. Tafelzeichnungen Rudolf Steiners*. Stuttgart: Urachhaus, 1993.

Für eine umfängliche Deutung der in *Von Seelenrätseln* erschlossenen Beobachtungen und Denkmöglichkeiten wären die hier nur kurz umrissenen vorangegangenen Ausführungen Steiners mit heranzuziehen, daneben zahlreiche im Gesamtwerk verstreute Bemerkungen über den Begriff der «Intuition», wie sie bisher vor allem von Herbert Witzenmann, Günter Röschert, Marek Majorek und Renatus Ziegler aufgearbeitet worden sind.[49] Für die bisherige verlegene Zurückhaltung der neueren kulturgeschichtlichen Esoterik-Forschung gegenüber der wissenschaftlichen Besprechbarkeit realer individueller Geist-Erfahrung besteht kein sachlicher Grund mehr. Es handelt sich da nur noch um ein Rezeptionsproblem.

Wann es in dem wünschenswerten Umfang möglich sein wird, das historische Phänomen der Esoterik Rudolf Steiners im Rahmen anerkannter kulturgeschichtlicher Forschung unbefangen zu erörtern, ist bisher eine offene Frage. Wouter Hanegraaff hat in einer wegweisenden kritischen Untersuchung dargestellt, woran das liegt. Er sieht das neue Forschungsfeld der «westlichen Esoterik» in seiner gegenwärtigen Situation nach wie vor geprägt von einer Ausgrenzungsstrategie, deren Anfänge auf den Ursprung der monotheistischen Religionssysteme zurückgehen. Wie Moses genötigt war, die Bilderwelt der konkurrierenden heidnischen Götter zu bekämpfen, um den neuen Glauben

---

49 Herbert Witzenmann: *Intuition und Beobachtung*. 2 Bde. Stuttgart: Verlag Freies Geistesleben 1977 und 1978. Günter Röschert: *Anthroposophie als Aufklärung*. München: Trithemius Verlag, 1997. Marek B. Majorek: *Objektivität: ein Erkenntnisideal auf dem Prüfstand*. Tübingen und Basel: Francke Verlag, 2002. Renatus Ziegler: *Intuition und Ich-Erfahrung*. Stuttgart: Verlag Freies Geistesleben, 2006.

zu festigen, fühlt sich die Scientific Community der Neuzeit – in diesem Punkt Hand in Hand mit der christlichen Theologie der etablierten Konfessionen – dazu gezwungen, alle «Esoterik» zu bekämpfen oder doch wenigstens lächerlich zu machen, um sich ihrer eigenen Identität zu vergewissern. Die zugrundeliegende, nicht offen reflektierte Furcht vor einem drohenden Identitätsverlust behindert bis heute jede freie Diskussion. Diese Furcht, so Hanegraaff, sei keineswegs unbegründet. «Sobald wir es dahin bringen, das etablierte Bild vom Kampf der aufgeklärten Vernunft gegen alten Aberglauben («the Grand Polemical Narrative») von *außen* zu betrachten, wird nichts mehr so sein wie früher. Wir werden das Gefühl haben, den Boden unter den Füßen zu verlieren und einem völligen Chaos gegenüber zu stehen.» Im Hinblick auf eine solche missliche Situation plädiert Hanegraaff für ein unbeirrbares Festhalten am Erkenntnisideal der Aufklärung. «Die einzige Lösung in dieser Lage besteht darin, nicht in Panik zu verfallen, sondern in aller Ruhe zu sehen, was sich da zeigt und welche neuen Zusammenhänge dabei zum Vorschein kommen.»[50]

50 W. Hanegraaff: Forbidden Knowledge: Anti-Esoteric Polemics and Academic Research. In : *Aries* 2/2005, S. 250.

6.
Gewordene und werdende Esoterik

Gegenüber der Situation zur Zeit Steiners hat anthroposophische Esoterik heute mit stark veränderten Milieubedingungen zu rechnen. Etwa zehn Jahre nach dem Zweiten Weltkrieg setzte in Deutschland eine tiefgreifende Umwandlung der allgemein akzeptierten Wertvorstellungen ein. Waren bis dahin Disziplin, Gehorsam, Unterordnung, Pflichterfüllung, Pünktlichkeit, Verzicht zugunsten des Gemeinwohls, Treue, Bescheidenheit und ähnliche Ideale maßgebend, die «Pflicht- und Akzeptanzwerte», wie die Soziologen sagen, so jetzt die «Selbstentfaltungswerte»: Ungebundenheit, Kreativität, Spontaneität, Genuss, Ausleben spontaner Bedürfnisse, Selbstverwirklichung.[51] Eine traditionell wertkonservative Einrichtung wie die katholische Kirche kam diesem Wandel entgegen, indem sie beim zweiten Vatikanischen Konzil die Gewissensfreiheit ihrer Gläubigen höher stellte als die Verpflichtung auf das Dogma. In der Philosophie der Postmoderne trat das «anything goes» als Leitmotiv hervor.

Währenddessen bewirkte die atemberaubend schnelle Ausbreitung der modernen Informationstechnologie eine

---

[51] Zusammenfassend Fritz Bohnsack in F. Bohnsack / S. Leber (Hrsg.): *Sozialerziehung im Sozialverfall*. Weinheim und Basel: Beltz, 1996, S. 33 ff.

umfassende Zugänglichkeit aller Wissensbestände. Wo früher auf umständliche Weise Spezialisten konsultiert werden mussten, genügen heute wenige Mausklicks im Internet. Ganze Bibliotheken sind inzwischen digitalisiert zugänglich. Netzwerke der Erschließung erlauben den schnellen Zugriff auf entlegenste Informationen in jedem Fachgebiet und auf jedem beliebigen Niveau. Es gibt keine Geheimnisse mehr. Alles, was irgendwo irgendwann einigermaßen klare Begriffsform angenommen hat, alles *gewordene* Wissen, steht jedem Menschen, der technisch entsprechend ausgerüstet ist, zur unbeschränkten Verfügung. Die lange für utopisch gehaltene Forderung des großen Reformpädagogen Jan Amos Comenius aus dem 17. Jahrhundert: *omnia omnes omnino*, «alles für alle in der umfassendsten Weise», scheint nach nicht viel mehr als dreihundert Jahren in denkbar erfreulichstem Ausmaß realisiert zu sein.

Zugleich aber ist dabei in einem Meer der Unübersichtlichkeit und der Widersprüche jede moralische Verbindlichkeit verschwunden. Jeder kann im Prinzip alles wissen, aber er kann mit diesem Wissen nur in begrenztestem Umfang etwas anfangen. Konsensfähige Lebensorientierungen sind aus der Informationsflut der modernen Medien nur im glücklichen Einzelfall zu gewinnen. Entscheidungen werden anonym. Irrationale «Sachzwänge» bestimmen das Handeln nur dem äußeren Schein nach verantwortlicher «Führungskräfte.»[52] Aus der dadurch bedingten Unsicher-

---

52 Siehe dazu Steiners Bemerkungen über die individuelle Entscheidungskompetenz der Brüder Rothschild im Bankwesen des 19. Jahrhunderts (GA 104, S. 146 f.) im Gegensatz zu den anonymen, auch für Experten nicht mehr zu durchschauenden internationalen Finanzmanövern im Zeitalter der Globalisierung.

heit und Resignation bis hin zur Verzweiflung entstehen
weltweit Konflikte, Wellen von Hysterie und Daseinsangst,
Gewalttätigkeit, politischer und religiöser Fundamentalismus.

Angesichts dieser Situation erscheint es wünschenswert,
herauszufinden, worin gegenwärtig die Eigenart «esoterischen» Wissens besteht. In den ältesten historisch
fassbaren Zeiten der Menschheitsgeschichte war dieses
Wissen durch theokratisch organisierte Institutionen gesichert. Aufnahme in die Mysterienstätten des Altertums
fand nur, wer sich einer strengen Schulung durch die vor
ihm Eingeweihten unterwarf. Schweigegebote sorgten
für völlige Abgeschlossenheit gegenüber der Außenwelt.
Eine bemerkenswerte Modifikation dieses Verfahrens
lässt sich – im Kontext des Entstehens der abendländischen Philosophie – bei Platon beobachten. Dieser ist
als Bürger der Stadt Athen in die eleusinischen Mysterien eingeweiht.[53] Zugleich entwickelt er, womöglich in
engem Bezug zu den Inhalten dieser Mysterien, im philosophischen Gespräch mit fortgeschrittenen Schülern,
die sich auf seine besonderen Übungswege einlassen,
eine eigene Esoterik: seine «ungeschriebene Lehre», deren Eigenart er in seinem berühmten siebten Brief mit
einem tiefsinnigen, bis heute für jede große Esoterik gültigen Bild zum Ausdruck bringt: «Die Kenntnis dieser
Dinge ist keineswegs mitteilbar wie die anderer Lerngegenstände, sondern aus häufiger gemeinsamer Bemühung
um die Sache selbst und aus dem gemeinsamen Leben

---

53 Karl Kerényi: *Die Mysterien von Eleusis*. Zürich: Rhein-Verlag,
1962. Christian Meier: *Athen*. Berlin: Goldmann, 1995, S. 458 ff.
Aus anthroposophischer Perspektive Diether Lauenstein: *Die
Mysterien von Eleusis*. Stuttgart: Urachhaus, 1987.

entsteht es plötzlich – wie ein Licht, das von einem übergesprungenen Funken entfacht wurde – in der Seele und nährt sich dann schon aus sich heraus weiter.»[54] Im Bilde des von einem geistigen Funken entfachten Feuers wird esoterisches Wissen schon damals als ein nach Ort und Zeit einzigartiges, nicht auf die Dauer fixierbares, in fortwährendem Entstehen und Vergehen befindliches sensibles und bewegliches Etwas charakterisiert, das nur in Menschen erscheinen kann, die gemeinsam *leben* und gemeinsam *üben*.

Folgt man dem Bilde Platons, so wird man bemerken, dass esoterische Gesprächssituationen durchaus als ein allgemeines Phänomen des Lebens auftreten. Dem kommt sogar, aus alter Gewohnheit, unsere Rechtsordnung entgegen: Sie schützt das Arztgeheimnis, das Beichtgeheimnis, das Geheimnis des Gesprächs eines Anwalts mit seinem Klienten. Womöglich hat sogar das Bankgeheimnis mit Esoterik im Sinne Platons zu tun; da nämlich, wo Chancen und Risiken, schwer wägbare Umstände, Schicksalskonstellationen mit Gespür für das Machbare miteinander in Einklang zu bringen sind. Das wäre im ungeschützten öffentlichen Raum nicht möglich. Von Joseph Beuys ist das Wort überliefert, die modernen Mysterien fänden «auf dem Hauptbahnhof» statt.[55] Jede banale, dem äußeren Anschein nach zufällige und vollkommen unscheinbare Begegnung zwischen Menschen kann für kurze oder längere Zeit den Charakter des Esoterischen

54 Platon 341 C5–D2 in der Übersetzung von Otto Apelt, nach G. Reale: *Zu einer neuen Interpretation Platons*. Paderborn u.a. 1993, S. 100 f.

55 Zitiert nach W. Kugler / S. Bauer (Hrsg.): *Rudolf Steiner in Kunst und Architektur*. Köln: DuMont, 2007, S. 143.

annehmen.⁵⁶ Wer hierauf aufmerksam geworden ist, wird den Gedanken einleuchtend finden, dass esoterische «Räume» nicht nur hier und da bemerkt und taktvoll respektiert werden können, sondern dass sie sich regelrecht *kultivieren* lassen. Wir wären damit bei einer Grundregel des anthroposophischen Schulungsweges: «Schaffe dir Augenblicke innerer Ruhe und lerne in diesen Augenblicken *das Wesentliche von dem Unwesentlichen unterscheiden.*»⁵⁷ Eine Kultur esoterischer «Räume», wie Steiners Anthroposophie sie anstrebt, verlangt ein entsprechendes «Schwellenbewusstsein.» Der gläubige Muslim zieht die Schuhe aus, wenn er seine Moschee betritt. Jemand, der sich um anthroposophische Esoterik bemüht, wird ein entsprechendes Taktgefühl für das Betreten des inneren Raumes seiner Meditation, aber auch für das unerwartete Aufleuchten esoterischer «Räume» in seinem Umgang mit anderen Menschen auszubilden suchen.

Steiner regt dazu an, ein solches Taktgefühl auch für den Gebrauch von *Wörtern* zu entwickeln. Er hat in seinen grundlegenden Werken oder auch in intimen Vorträgen gewisse Termini eingeführt, deren ursprünglicher Kontext leicht vergessen wird, so dass ein anspruchsvoller esoterischer Sachverhalt in unsachgemäßer Weise vereinfacht, gewissermaßen abgenutzt und damit verfälscht wird.

«Je mehr wir in bezug auf die alltäglichen Verhältnisse die anthroposophischen Worte im Munde führen, desto mehr nehmen wir uns die Möglichkeit, dass Anthroposophie für uns wirklich etwas unsere Seele Tragendes, unsere

---

56 Siehe hierzu Rudolf Steiner: Vortrag vom 4.05.1924. *Esoterische Betrachtungen karmischer Zusammenhänge* Bd. 2. GA 236 (1959), S. 154, über karmisch bedingte Menschenbegegnungen.
57 *Wie erlangt man Erkenntnisse der höheren Welten?*, GA 10, S. 29 f.

Seele tief Durchdringendes wird. Wir brauchen nur die Macht der Gewohnheit ins Auge zu fassen und wir werden sehen, dass ein Unterschied besteht, wenn wir mit einer gewissen heiligen Scheu, mit einem gewissen Bewusstsein, dass wir von anderen Welten sprechen, Worte gebrauchen, wie, sagen wir, die Worte ‹Aura› oder ‹ahrimanische Gewalten› oder ‹luziferische Gewalten›. Wenn wir immer fühlen, wir müssen sozusagen haltmachen, bevor wir solche Worte gebrauchen, müssen sie nur anwenden, wenn es uns eben wirklich darauf ankommt, unsere Beziehung zur übersinnlichen Welt ins Auge zu fassen, dann ist das etwas ganz anderes, als wenn wir im alltäglichen Leben bei jeder beliebigen Gelegenheit von diesen Dingen der höheren Welt sprechen und Worte, die von diesen Welten hergenommen sind, immerfort im Munde führen.»[58]

Ein wunderbares Bild für eine Stufenfolge geschützter esoterischer Räume findet sich in Goethes «Pädagogischer Provinz». Wilhelm Meister besichtigt dort die Wandgemälde, die den Zöglingen einen Begriff vom Verlauf der Weltgeschichte geben sollen. Die Bilder des Neuen Testaments sind dabei einem besonderen Raum vorbehalten. Und nur den fortgeschrittenen Schülern wird einmal im Jahr der Raum geöffnet, der die Bilder der Leidensgeschichte enthält und damit das Zentralmysterium der Menschheitsentwicklung vor Augen führt.

In Platons Forderung, dass für ein sachgemäßes Erfassen der «ungeschriebenen Lehre» ein gemeinsames *Leben* und *Üben* vorauszusetzen sei, wird sichtbar, dass esoterische Wahrheiten nicht in fertiger Form weitergegeben werden können, dass sie erst in einem Prozess des *Reifens*

---

[58] Vortrag vom 14.03.1913. GA 150, S. 13.

in Erscheinung treten. Jeder unbefangene Mensch, der mit großen Kunstwerken umzugehen gewohnt ist, weiß, wie sich sein Verständnis für solche genialen Schöpfungen oft durch längere Zeiträume hindurch weiterentwickelt, vertieft, verwandelt. Die in unserem heutigen Schulwesen verbreitete pseudowissenschaftliche Technik der Interpretation – «was will der Dichter damit sagen?» – ruiniert jeden solchen Reifeprozess.[59] Esoterisches Üben im Sinne Steiners fördert und vertieft ihn. In seinem klassischen Text zur Dreigliederung aus dem Jahre 1917 bemerkt Steiner einleitend, dass den hier vorgebrachten Ideen eine dreißigjährige Forschung zugrundeliege.[60] Er verweist damit implizit auf seine erste Begegnung mit Goethes «Märchen» aus den *Unterhaltungen deutscher Ausgewanderten* Ende der achtziger Jahre des 19. Jahrhunderts. Es lässt sich als eine exemplarische Tatsache sehen, dass der Begründer der Anthroposophie einen jahrzehntelangen intimen Übungsprozess im meditativen Umgang mit den Bildern dieses Märchens durchlaufen musste, ehe er die «Mittelpunktsidee der Anthroposophie»[61] bewusst fassen und schließlich auch in eine *exoterische* Form bringen konnte. Als Vorstufe erscheinen – Ergebnis einer grandiosen imaginativen Metamorphose – im Jahre 1910 die Bilder des ersten Mysteriendramas, als reifstes Ergebnis die Grundstein-Meditation der Weihnachtstagung von 1923. Der wissenschaftstheoretisch

---

59 Hans Magnus Enzensberger: Bescheidener Vorschlag zum Schutze der Jugend vor den Erzeugnissen der Poesie. In: *Mittelmaß und Wahn*. Frankfurt: Suhrkamp, 2. Aufl. 1988, S. 23–41.

60 *Von Seelenrätseln,* GA 21, S. 150: «Die physischen und die geistigen Abhängigkeiten der Menschen-Wesenheit».

61 Christoph Lindenberg: *Rudolf Steiner. Eine Biographie.* Stuttgart: Verlag Freies Geistesleben, 1997, S. 588 ff.

und lebenspraktisch so zentral bedeutsame Text von 1917 steht dazwischen. Verbunden sind diese folgenreichen Erzeugnisse genialer Spiritualität durch einen intimen Prozess des Reifenlassens innerer Bilder.

Steiner möchte Werdeprozesse dieser Art durch die innere «Stimmung» getragen sehen, die wir gegenüber esoterischen Sachverhalten entwickeln. So heißt es schon in der Nachschrift einer esoterischen Lehrstunde vor dem Ersten Weltkrieg: «Das, was wir in einer solchen Stunde behandeln, unterscheidet sich stofflich eigentlich nicht von dem, was wir in einer exoterischen Stunde [d. h. außerhalb der Esoterischen Schule der Theosophischen Gesellschaft] hören.» Auf das seelische *Erleben* komme es an.

«Die Seelenstimmung vor und nach einer esoterischen Stunde muss ganz verschieden sein. Und es ist gar nicht wesentlich, ob die Seele das in einer esoterischen Stunde Erlebte auch immer gegenwärtig hat, aber sie muss das Gefühl haben, etwas erlebt, etwas mitgenommen zu haben. Es muss so sein, wie wenn eine Elektrisiermaschine einmal mit Elektrizität geladen ist und ein andermal nicht. Wie man seinen Namen weiß, so muss man das in der esoterischen Stunde Empfangene in der Seele tragen. Nicht wahr, den Namen weiß man, sobald man danach gefragt wird, auch wenn man ihn sich nicht immer wiederholt. So muss auch der Strom esoterischen Lebens immer in der Seele ruhen. Das esoterische Leben wird dann unsere Seele immer mehr und mehr vertiefen, und das ist nötig für die kommende Zeit.»[62]

Als «Grenzvorstellungen» im Sinne des Buches *Von Seelenrätseln*, deren «besonnenes Erleben» Organe der

---

62 GA 266/1, S. 281.

übersinnlichen Wahrnehmung öffnen soll, haben in allen esoterischen Traditionen *Bilder* und *Symbole* eine wichtige Rolle gespielt. Inzwischen ist bekannt, wie ganz im Stillen mit der Ausbreitung des Buchdruckes und der Technik des Kupferstichs im 16. Jahrhundert die Sinnbild-Kunstform des *Emblems* in ganz Europa zum Kulturfaktor wurde.[63] Tiefsinnige Zitate aus den esoterischen Traditionen des Altertums mischten sich da in Wort und Bild mit geduldiger Bemühung um die Lösung von Lebens-Rätselfragen, moralische Grundsätze, Aufschlüsse über den geheimen Sinnzusammenhang der Welt. Man wird das Zeitalter der Vernunft, die große Zeit der europäischen und nordamerikanischen Aufklärung, erst ganz verstehen können, wenn man sie hervorwachsen sieht aus einer weit verbreiteten Kultur der Besinnlichkeit, die sich aus *Bildbegriffen* nährte.

Nicht weniger einflussreich mögen die Bilder und Sinnsprüche der Rosenkreuzer-Tradition gewesen sein.[64] Auch die weit verbreitete Literatur der Alchimisten wirkte durch Bilder. Unter den neueren Denkern ist der russische Universalgelehrte und Esoteriker Pawel Florenskij dieser Spur gefolgt.[65] Steiner hat im Lauf der Zeit eine besondere Technik der Wandtafel-Zeichnung entwickelt, die das «besonnene Erleben mit Grenzvorstellungen» zur Kunstform erhebt.[66] Esoterische Vorträge wie seine «Erzengel-Imagina-

---

63 Arthur Henkel / Albrecht Schöne (Hrsg.): *Emblemata. Handbuch der Sinnbildkunst des XVI. und XVII. Jahrhunderts*. Stuttgart und Weimar: J. B. Metzler, 1996.

64 *Die Lehren der Rosenkreuzer*. Stuttgart: Engel & Co. 2007.

65 Pavel A. Florenskij: *Die Ikonostase*. Stuttgart: Urachhaus, 1988.

66 Michael Bockemühl / Walter Kugler: *DenkZeichen und Sprach-Gebärde. Tafelzeichnungen Rudolf Steiners*. Stuttgart: Urachhaus, 1993.

tionen» vom Herbst 1923 erhalten durch die begleitenden Tafelbilder eine «präsentative»[67] Tiefendimension des Ausdrucks, die mit Worten alleine nicht zu erreichen wäre. Ähnliches gilt für die spirituelle Ausdrucksgestik der von Steiner erneuerten Tanzkunst.[68] Man begreift von daher, was Steiner im Sinn hatte, als er – der Überlieferung nach – seine Schüler ermahnte: «Wenn Sie nicht Eurythmie machen, werden Sie bald nicht mehr verstehen, was ich sage!»

Aus den fragmentarischen Berichten von den Inhalten der «erkenntniskultischen» Abteilung der in den acht Jahren vor dem Ersten Weltkrieg von Steiner geführten «Esoterischen Schule» wissen wir schließlich auch, dass Steiner die archaische Symbolform des *Rituals* in seine Bemühungen um eine Wiederbelebung der esoterischen Menschheitstraditionen einbeziehen wollte.[69] Er konnte diesen Versuch nicht weiterführen. Vielleicht wären, wenn er damit Erfolg gehabt hätte, Europa und die Welt vor der Verwilderung der Rituale, die unter der Herrschaft der totalitären politischen Systeme im Verlauf des 20. Jahrhunderts eingetreten ist, bewahrt worden.

Gegenüber der engen und vordergründigen Zweckrationalität der modernen Wissenskultur ist zu beachten, wie sehr Steiners Esoterik – im Gegensatz zu anderen esote-

---

67 Zum Begriff des «präsentativen» im Gegensatz zum «diskursiven» Symbolismus siehe Susanne K. Langer: *Philosophie auf neuem Wege. Das Symbol im Denken, im Ritus und in der Kunst*. Frankfurt: S. Fischer, 1992.

68 Christa Lichtenstern: Eurythmie als «bewegte Plastik». In: Kugler / Bauer 2007 (siehe Anm. 55), S. 359–385.

69 Hella Wiesberger: *Rudolf Steiners esoterische Lehrtätigkeit*. Dornach: Rudolf Steiner Verlag, 1997.

rischen Richtungen – den Begriff der *Intuition* hervorhebt. Was er im Zusammenhang seiner philosophischen Schriften mit diesem Wort bezeichnet, ist inzwischen gut erforscht worden.[70] Weniger deutlich ist bisher, was er im esoterischen Zusammenhang damit meint. In den ursprünglich als esoterisch betrachteten Kursen für das Lehrerkollegium der ersten Waldorfschule ist von einer Pädagogik der Zukunft die Rede, die von einem gedanklich-rationalen Studium der anthroposophischen «Menschenkunde», einer Anthropologie mit wissenschaftlichem Anspruch also, ausgeht, in einem Prozess meditativer Besinnung vertieft, gewissermaßen «verdaut» wird und schließlich in der Praxis des Schulunterrichts «intuitiv» neu in Erscheinung tritt, als «Wiedererinnern der Menschenkunde aus dem Geist». «Nach dem meditierenden Verstehen kommt das schaffende, das schöpferische Sich-Erinnern, das zugleich ein Aufnehmen aus der geistigen Welt ist.»[71] Es ist wichtig, sich klarzumachen, dass hier kein «Erinnern» gemeint ist, mit dessen Hilfe konkrete pädagogische Maßnahmen aus anthropologischen Einsichten logisch abgeleitet werden. Gemeint ist ein «ins Innere aufnehmen» aus der übersinnlich-geistigen Sphäre der «Intuition» im Sinne des Buches *Von Seelenrätseln*.[72]

Ähnliches gilt für die anthroposophische Berufsesoterik der Ärzte, der Priester, der Landwirte, der Künstler.[73] Eine rationale Basis dafür ist in der Erkenntnispsychologie

70 Siehe oben Anm. 49.

71 Vortrag vom 21.09.1920, GA 302a, S. 53.

72 Siehe *Von Seelenrätseln*, GA 21, S. 160 ff., sowie den 6. Vortrag der *Allgemeinen Menschenkunde*, GA 293 (1992), S. 91 ff.

73 Siehe Johannes Kiersch: *Freie Lehrerbildung*. Stuttgart: Verlag Freies Geistesleben, 1978, S. 47 f.

Steiners gegeben. Aber auch in der nichtanthroposophischen Forschung finden sich entsprechende Anhaltspunkte und Schlussfolgerungen. Man denke nur an die Beobachtungen, die Friedrich Copei in seiner klassischen Studie über den «fruchtbaren Moment» im Verlauf kreativer Prozesse zusammengetragen hat, oder an die neueren Untersuchungen Howard Gardners zur Psychologie des Genies.[74] Viele bedeutende Entdeckungen, sogar mathematische, wie bei Albert Einstein, beginnen mit einem genialen «Einfall» und werden erst später im Einzelnen logisch verifiziert. Schaut man auf die von Steiner erhofften exoterischen Wirkungen esoterischer Übungsprozesse, auf die Praxis des *Lebens* mit Esoterik, so rückt Steiners Intuitionsbegriff gerade nach seiner esoterischen Seite hin in den Mittelpunkt des Interesses. Er bedarf dringend einer breiteren wissenschaftlichen Klärung und Sicherung. In der Praxis spielt er jetzt schon überall eine bedeutende Rolle, wo Anthroposophie sich auf authentische Weise ausbreitet.

Charakteristisch für Steiners besondere Esoterik ist schließlich auch, wie sie im praktischen Leben ebenso wie im Bereich der wissenschaftlichen Forschung auf die Bedeutung konkreter, einmaliger Situationen aufmerksam macht. Überall wird heute danach gesucht, wie sich Leitlinien finden lassen, die für alle Verhältnisse gelten und deren Anwendung deshalb zuverlässigen Erfolg verspricht.

74 Friedrich Copei: *Der fruchtbare Moment im Bildungsprozess.* Heidelberg: Quelle und Meyer, 8. Aufl. 1966. Howard Gardner: *So genial wie Einstein.* Stuttgart: Klett-Cotta, 1996. Weitere Hinweise bei Nel Noddings / Paul J. Shore: *Awakening the Inner Eye. Intuition in Education.* New York und London: Teachers College, Columbia University, 1984.

Demgegenüber rehabilitiert anthroposophische Esoterik die Bedeutung des *Hier* und *Jetzt*. Ein Ansatz dazu liegt bereits in Steiners früher Erläuterung zu einem diesbezüglichen Aphorismus Goethes: «Esoterisch ist ein Begriff, wenn er im Zusammenhange mit den Erscheinungen betrachtet wird, aus denen er gewonnen ist. Exoterisch, wenn er als Abstraktion abgesondert für sich betrachtet wird.»[75] Was mir *selbst* an einem einzigartigen *Ort* und zu einer besonderen *Zeit* entgegentritt, ist als Erstes ernstzunehmen, erst danach das Abgeleitete und Allgemeingültige. Für das Erscheinen des Weltzusammenhangs in Raum und Zeit, wie Steiner ihn auffasst, werden deshalb *Phänomen* und *Symptom* zu Schlüsselbegriffen; das eine von bedeutenden Schülern Steiners breit erforscht, das andere erst noch zu entdecken.

Weil aber das Hier und das Jetzt sich fortwährend verändern, sind sie auch esoterisch nicht fixierbar. Als entscheidendes Merkmal der anthroposophischen Esoterik darf deshalb gelten, was Steiner als die «Prinzipien des Werdens» bezeichnet hat. Was er damit meint, zeigt sich am deutlichsten in dem eigenartigen Versuch der «Stiftung» eines esoterischen Arbeitszusammenhangs, den Steiner im Jahre 1911, unmittelbar vor der Herauslösung der von ihm inaugurierten anthroposophischen Bewegung aus dem Zusammenhang der Theosophischen Gesellschaft, unternommen hat. Vor einer kleineren Gruppe bewährter Freunde spricht er dort von einer zu bildenden Vereinigung, der er den «provisorischen» Namen «Gesellschaft für theosophische Art und Kunst» gibt, keinem Verein üblicher Art mit Programm und festgelegtem Ziel, sondern einem

75 *Goethes naturwissenschaftliche Schriften*, hrsg. von Rudolf Steiner. Bd. V. Dornach: Rudolf Steiner Verlag, 1975, S. 377.

neuartigen Sozialgebilde aus verantwortlich zusammenwirkenden Menschen, dessen Tätigkeit durch nichts vorher festgelegt wird. Bei der einführenden Ansprache betont Steiner, dass «eine Definition zu geben dessen, was getan werden soll, in keiner Stunde möglich sein wird, denn alles soll in fortwährendem Werden sein.» Und weiter: «... es beruht das, was geschehen soll, nicht auf Worten, sondern auf Menschen, und nicht einmal auf Menschen, sondern auf demjenigen, was diese Menschen *tun* werden. ... Niemals soll dasjenige, was diese Sache werden soll, durch dasjenige, was sie ist, in irgendeiner Weise beeinträchtigt werden können.»[76] Der sonderbare «Versuch» scheiterte damals nach wenigen Wochen. Er bleibt aber bis heute kennzeichnend für die von Steiner gesuchte «werdende» Esoterik. Die hier betonten «Prinzipien des Werdens» sollten durchaus auch exoterisch wirksam sein. «Lebendig *werdende* Wissenschaft, lebendig *werdende* Kunst, lebendig *werdende* Religion: das ist schließlich Erziehung, das ist schließlich Unterricht»: mit dieser Formel kennzeichnet Steiner den Kernpunkt seines pädagogischen Vorhabens bei der Festansprache zur Eröffnung der ersten Waldorfschule.[77]

Damit geht Hand in Hand, dass Steiner seinen bis dahin selbstverständlichen Anspruch auf Führungsautorität in esoterischen Dingen aufgibt. Auch weiterhin hilft er im Einzelfall mit Anweisungen für Ratsuchende in Angelegenheiten des esoterisch Schulungsweges. Aber für die im Jahre 1913 gegründete Anthroposophische Gesellschaft sieht er sich nur noch als Berater. Und als er dann

76 GA 264 (1996), S. 421-435.
77 GA 298 (1958), S. 19. Zeichensetzung verändert. Siehe dazu: Johannes Kiersch: Esoterik in Wissenschaft, Kunst und Religion. In: *Das Goetheanum*, 18.4.1999, S. 277-281.

im Jahre 1923, nach schwerer Krise dieser Einrichtung, bei deren Neubegründung auch die organisatorische Leitung übernimmt, gestaltet er deren esoterischen Kern, die Freie Hochschule für Geisteswissenschaft, nach dem anthroposophischen Bilde des menschlichen Blutkreislaufs im Sinne eines Zusammenspiels von Zentrum und Umkreis, bei welchem das Herz nicht als Pumpe funktioniert, sondern als Organ der Wahrnehmung und des Ausgleichs.[78] Zugleich stellt er die Hochschule voll in das Licht der Öffentlichkeit. Sie soll – entgegen alter esoterischer Tradition – keine Geheimgesellschaft sein. «Sie wird dafür sorgen, dass man immer wissen wird im weitesten Umfange, was sie tut.»[79] Als «Seele» der Anthroposophischen Gesellschaft soll die Hochschule ein Ort der *Initiative* sein, aber nicht eine leitende Behörde.[80]

Tragische Entwicklungen nach dem Tode Steiners im Frühjahr 1925 hatten zur Folge, dass die hiermit aufgestellten Ideale zunächst nicht nachhaltig verwirklicht werden konnten. Das von Steiner erhoffte Zusammenspiel der Kräfte zwischen Peripherie und Zentrum kam nicht in Gang. Die Vielfalt der esoterischen Aktivität, die Steiner mit einer Reihe von Vertrauensleuten in den letzten Monaten seines Arbeitslebens inauguriert hatte, konnte sich nicht halten. Nach einiger Zeit wurden die Lehrstunden

---

78 Zum Bild des Blutkreislaufs im Hinblick auf den Organismus der Anthroposophischen Gesellschaft siehe Hans Christoph Kümmell: Herz-Kreislauf-System und soziale Gestaltungen. In: *Das Goetheanum*, 42/2006.

79 Vortrag vom 30.1.1924. GA 260a, S. 128.

80 Hierzu und zum Folgenden siehe Johannes Kiersch: *Zur Entwicklung der Freien Hochschule für Geisteswissenschaft. Die Erste Klasse.* Dornach: Verlag am Goetheanum 2005, S. 36 ff.

der Hochschule nur noch in der Form des Vorlesens der Nachschriften von Steiners Vorträgen aus dem Jahr 1924 gegeben. Unvermerkt hatte damit ein kaum vermeidbarer Fossilisierungsprozess eingesetzt. Bald kamen – fatalerweise von 1933 an – Tendenzen zur Durchsetzung zentraler Führungsansprüche hinzu, die von da an, und stellenweise bis heute, in vielen anthroposophischen Institutionen eine verhängnisvolle Rolle spielen.[81] Das esoterische Leben, das Steiner für die anthroposophische Bewegung als ganze erstrebt hatte, zog sich in kleine Gruppen oder völlig ins Private zurück. Das Lebenswerk des großen Lehrers und Esoterikers trat in Gestalt der Rudolf Steiner Gesamtausgabe mit beeindruckender Fülle immer deutlicher in das Licht der Öffentlichkeit. Sein ursprüngliches Leben gewann es dabei nicht zurück. Wird dieses Leben sich neu erwecken lassen? Ita Wegman, die engste Mitarbeiterin Steiners in seinen beiden letzten Jahren, hoffte auf eine «Auferstehung» des Neuanfangs von 1924.[82] Die aber wird durch bloße Weitergabe *gewordener* Esoterik nicht zustande kommen, auch nicht durch deren fleißige und für andere Zwecke verdienstvolle gedankliche Ausarbeitung. Sie wird zunächst eines wachen Bewusstseins für die *Lebensbedingungen* jeder Esoterik bedürfen. Dazu gehört der taktvolle, aufmerksame und zielbewusste Umgang mit den besonderen «Räumen» esoterischer Wahrheit. Man mag dabei an die außerordentlich merkwürdige Formulierung denken, die Steiner mit seinem «Abendglockengebet» für den siebenjährigen Pierre Grosheintz gefunden hat.

---

81 Siehe Dieter Brüll: *Der anthroposophische Sozialimpuls*. Schaffhausen: Novalis Verlag, 1984.
82 Kiersch 2005 (siehe Anm. 80), S. 165 ff.

Er spricht da vom Schönen, Wahren, Edlen, Guten, fast im Ton Friedrich Schillers. Welche tugendhafte Tätigkeit würden wir wohl am ehesten mit dem Begriff des «Wahren» verbinden? Das Wahre erkennen, verteidigen, ausbreiten, begründen, durchsetzen? Steiner schreibt: «Das Wahre behüten.»[83]

83 *Wahrspruchworte*, GA 40 (1988), S. 324.

7.
Ausblick

Die Esoterik Rudolf Steiners ist infolge ihres ersten Auftretens in den traditionellen Formen, die im Rahmen der Theosophischen Gesellschaft gepflegt wurden, später dann, weil ihre neuen Intentionen nicht verstanden wurden, als treu zu bewahrender Weisheitsschatz aufgefasst worden, zugleich als Ausdruck absolut gültiger Wahrheit, in deren Besitz Steiner dank seiner Einsicht in die Welten des Geistes sich Zeit seines Lebens zuverlässig befunden habe. Die überwältigende Fülle der Einsichten, die der Eingeweihte und überragende Lehrer, als der er primär empfunden wurde, seinen Lesern und Hörern vermittelte, stellte alles in den Schatten, was die «äußere» Wissenschaft der Universitäten, die sich von allen bedrängenden Fragen nach dem Sinn der Welt und des Lebens resigniert verabschiedet hatte, noch bieten konnte. Der Begründer der Anthroposophie wurde verehrt, aber wenig verstanden. Inzwischen ist das rückwärtsgewandte Bild der ersten Rezeptionsphase, die bis gegen das Ende des zwanzigsten Jahrhunderts nachgewirkt hat, durch unvoreingenommene historische Forschung gründlich revidiert worden. Steiner erscheint uns heute als ein rastlos strebender, unermüdlich gegen Widerstände arbeitender Geistsucher, der ungeachtet seiner natürlichen Begabung für übersinnliches

Wahrnehmen seinen Erkenntnishorizont von Tag zu Tag erweiterte, sich wechselnden Umständen, die das Schicksal ihm zutrug, unbefangen aussetzte, besonnen und selbstkritisch nach immer wieder anderen Möglichkeiten des Ausdrucks seiner Einsichten suchte und von seinen Mitmenschen nicht ergebene Nachfolge, sondern Mitarbeit aus freier Initiative erwartete. Er zeigt sich damit ganz und gar als ein Mensch des Zeitalters der «Bewusstseinsseele», wie er ihn in seinen historischen Vorträgen vom Herbst 1918 paradigmatisch vor uns hingestellt hat: in den widersprüchlichsten Umständen lebend, von allen Seiten angezweifelt und angefeindet, klug taktierend, dabei der selbst gesetzten geistigen Aufgabe treu ergeben.[84] In seinen Vorträgen über die Säulenmotive des ersten Goetheanum-Baus hat Steiner, wenige Wochen nach dem Ausbruch des Ersten Weltkrieges, das Zeitalter der Bewusstseinsseele mit dem Merkur-Motiv in Beziehung gesetzt: dem aufrechten Stab mit Kopf, umwunden von den Widersachermächten in Gestalt zweier Schlangen (Abbildung S. 77). Im Zusammenhang hiermit spricht er von der welthistorischen Mission der Völker Mitteleuropas, wobei er die östlich des deutschen Sprachgebiets liegenden Länder ausdrücklich mit einbezieht, und kennzeichnet deren Kern-Impuls als das «Streben nach Individualität».[85]

Dieser Hinweis hat mit der Neukonstitution Europas nach der «Wende» von 1989 eine wegweisende Aktualität erhalten. Wird sich das hier gemeinte «Streben nach Individualität» durch eine wieder belebte anthroposophische

---

84 Vorträge vom 18. und 19.10.1918. GA 185 (1962), S. 33 ff. Dazu Richard Ramsbotham: *Who wrote Bacon? William Shakespeare, Francis Bacon and James I*. Forest Row: Temple Lodge, 2004.

85 Vortrag vom 19.10.1914. GA 287, S. 38.

Esoterik fördern lassen? Was wir von dieser Esoterik bisher verstanden haben, deutet in eine solche Richtung.

Es wird dabei unendlich wichtig sein, ernstzunehmen, wie sich der eher statische Wahrheitsbegriff der philosophischen Frühschriften Steiners während dessen besonderem Entwicklungsschritt um das Jahr 1896, als er damit begann, systematisch zu meditieren, erweitert und vertieft hat. War ihm die Wahrheit der Welt bis dahin eher im Bilde eines festen Kontinents erschienen, so sieht er sie jetzt als bewegtes, unergründliches Meer. Mit Bezug auf Goethe schreibt er: «Nicht ein starres, totes Begriffssystem ist die Wahrheit, das nur einer einzigen Gestalt fähig ist; sie ist ein lebendiges Meer, in welchem der Geist des Menschen lebt, und das Wellen der verschiedensten Gestalt an seiner Oberfläche zeigen kann.»[86]

86 *Goethes Weltanschauung*, GA 6 (1963), S. 66. Dazu J. Kiersch: Was ist Wahrheit? In: *Das Goetheanum,* 9.6.1996, S. 113–115, und ders.: Vom Land aufs Meer. Wie Rudolf Steiner seinen Wahrheitsbegriff erweiterte, und was daraus folgt. In: *Das Goetheanum* 23.5.1999, S. 373–375. Siehe Anhang.

Wo wir uns heute auf Steiners Esoterik einlassen, haben wir nichts Traditionelles mehr, auf das wir uns stützen könnten. Im Bilde des Neuen Testaments gesprochen: Wir gehen auf bewegtem Wasser (Matth. 14, 29).

Anhang

I.
Was ist Wahrheit?

> Ich bin dazu geboren und in die Welt
> gekommen, dass ich für die Wahrheit
> zeugen soll. Wer aus der Wahrheit ist, der
> höret meine Stimme. Spricht Pilatus zu ihm:
> Was ist Wahrheit?
>
> Joh. 18, 37–38

Anthroposophie versteht sich selbst als «Wissenschaft» vom Geist. Diesem Selbstverständnis gegenüber erhebt sich ein gewichtiger Einwand. Zum Begriff wissenschaftlich begründeter Wahrheit, wie er heute aufgefasst wird, gehört das Merkmal der intersubjektiven Gültigkeit. Wer den Anspruch erhebt, bei seinen Einsichten oder Aussagen handle es sich um «Wissenschaft», muss sich die prüfende Frage gefallen lassen, ob das, was er vertritt, von jedem anderen denkenden Menschen rational nachvollzogen und bestätigt werden kann. Die Schüler Rudolf Steiners vertreten allgemein die Ansicht, dass anthroposophische Geisteswissenschaft dieser Forderung standhalte; die Gegner der Anthroposophie bestreiten das. Seit Jahrzehnten gehen dabei die Argumente hin und her. Eine gültige Verständigung scheint nach wie vor unerreichbar zu sein.

Das in Rede stehende Problem ist aber auch im Gespräch der Anthroposophen untereinander nicht hinreichend geklärt. Und das ist weit über den engeren Bereich der Erkenntnistheorie hinaus ein ernster Mangel. Denn Wissen – wie schon Francis Bacon bemerkt hat – verleiht auch Macht. Wer weiß, oder zu wissen glaubt, dass er die «Wahrheit» hat, darf sich dazu befugt oder berufen fühlen, andere zu lenken und zu leiten. Und da ohne Zweifel die Anthroposophie Rudolf Steiners eine Fülle begeisternder und wichtiger Wahrheiten mit sich führt, haben wir es im Umgang mit ihren Vertretern bisweilen mehr als anderswo mit den dazugehörigen Ansprüchen zu tun.

Demgegenüber genügt es keineswegs, sich auf Rudolf Steiners *Philosophie der Freiheit* zu berufen. Im Gegenteil. Dies kostbare Buch, in welchem potenziell sowohl der gesamte Gedankeninhalt als auch die praktischen Wirkungen der Anthroposophie verborgen sind, hat durch seine besondere Ausdrucksform der gekennzeichneten dogmatischen Tendenz im Empfinden seiner weltweiten Leserschaft kräftig Vorschub geleistet. Rudolf Steiner behandelt darin das Verhältnis von Erkennen und Handeln auf höchstem Abstraktionsniveau: in gedankenklarer Allgemeinheit. Es ist ihm dabei ganz natürlich, von «wahrer Erkenntnis» zu reden (GA 4, S. 125) und in grenzlosem Vertrauen auf die Einheit der Ideenwelt und das höhere Selbst in uns zu der Schlussfolgerung zu gelangen, dass alle wahrhaft freien Individualitäten sich aus dieser Erkenntnis heraus im Handeln widerspruchslos einig sein werden (GA 4, S. 166). Das alles ist als Beobachtungs- und Gedankenzusammenhang in sich folgerichtig, und es vermag bis heute bei allen Lesern, die sich darauf einlassen, ein ermutigendes Vertrauen in die Kraft des Denkens und die edelste Begeisterung für gemeinsame Zukunftsziele freizusetzen. Insofern ist die *Philosophie der Freiheit* die Grundlage für alles Erstrebenswerte in der anthroposophischen Lebenspraxis und ein unverzichtbares Schulungsbuch.

Für die Klärung der Frage nach der intersubjektiven Gültigkeit anthroposophischer Wahrheiten jedoch und des damit verknüpften Problems von Wahrheit und Machtanspruch reicht ihr expliziter Inhalt nicht aus. Dafür ist es notwendig, ins Auge zu fassen, wie Rudolf Steiner das in der *Philosophie der Freiheit* formulierte Erkenntnisprogramm, «seelische Beobachtungsresultate nach naturwissenschaftlicher Methode» zu geben, in späteren Werken konkreter realisiert und wie er dabei den Weg zum Einklang von Wahrheit und individuellem Handeln sehr viel weniger direkt, dafür aber auf weite Strecken differenzierter und wirklichkeitsnäher beschreibt als in dem grundlegenden Werk, in welchem Ausgangspunkt und Ziel von ihm so klar beleuchtet werden, die Einzelheiten des Weges hingegen noch zu einem großen Teil im Schatten bleiben.

Als die *Philosophie der Freiheit* geschrieben wurde, befand sich die wissenschaftliche Diskussion noch ganz im Traditionsstrom der von den Griechen ausgegangenen Denkweise, die als selbstverständlich voraussetzte, dass alles sichere Erkennen sich nur im Medium der Sprache vollziehen könne. Richtungen wie die antike Gnosis, der Neuplatonismus, der verborgene Erkenntnisstrom der «hermetischen» Wissenschaften und alles, was mit Mystik zu tun hatte, waren suspekte Randgebiete, von denen ein wirklicher Erkenntnisfortschritt nicht erwartet werden konnte, schon allein deshalb, weil die ihnen wesentlichen Erfahrungen sich nicht mit der notwendigen Präzision in Worte bringen ließen. Inzwischen weiß man wieder, dass es ein Erkennen auch außerhalb der Wortsprache geben kann. Der Wert des heute vielfach sogenannten «lebensweltlichen» Wissens hat eine gewisse Rehabilitation erfahren. Die besonderen Wissensformen des Mythos, des Rituals, des künstlerischen Ausdrucks werden hinsichtlich ihres besonderen Erkenntniswerts ernstgenommen (Langer 1987, Hübner 1985). Der Gedanke an eine Wiederbelebung der archaischen Weltverbundenheit des Menschengeistes, die Lévy-Bruhl als «Partizipation» bezeichnet hat, macht die Runde (Barfield 1991, Berman 1985.) Zugleich hat sich der Pluralismus wissenschaftlicher Meinungsbildung nahezu unermeßlich gesteigert. Über der Lust am extravaganten Experiment scheint das ideal systematisch geordneter Wahrheitserkenntnis in bedenklicher Gefahr, ganz vergessen zu werden (Feyerabend 1981 und 1993). Das sind Rahmenbedingungen, die es heute leichter machen, den vielfältigen Verzweigungen nachzugehen, die der Erkenntnisbegriff der *Philosophie der Freiheit* und seine ethischen Implikationen im späteren Werk Rudolf Steiners angenommen haben, und damit der Klärung des eingangs genannten Problems näherzukommen.

Nun wird schon in der *Philosophie der Freiheit* die große Idee der für alle freien Menschen gemeinsam verbindlichen Wahrheit zumindest ansatzweise deutlich eingeschränkt und der Vielfalt des Lebens gemäß konkretisiert. In der Vorrede von 1894 heißt es: «Wir erstreben ein sicheres Wissen, aber jeder auf seine eigene Art» (später im Zweiten Anhang, GA 4, S. 268). Deutlich weiter entfaltet zeigt sich der damit gegebene Gedankenkeim in dem Buch *Goethes Weltanschauung,* das drei Jahre später die Reihe der im engeren Sinne erkenntnistheoretischen Werke Rudolf Steiners abschließt. Wiederholt finden sich dort Hinweise auf das Lebendige, Bewegliche, den ungreifbar fließenden Charakter jeder wahren Erkenntnis, die vorher so nicht zu lesen waren. «Nicht ein starres, totes Begriffssystem» – so heißt es dort – «ist die Wahrheit, das nur einer einzigen Gestalt fähig ist; sie ist ein lebendiges Meer, in welchem der Geist des Menschen lebt, und das Wellen der verschiedensten Gestalt an seiner Oberfläche zeigen kann» (GA 6, S. 66). Damit wird zugleich – im Zuge der Abwehr eines fehlgeleiteten Platonismus – die Einmaligkeit individueller Erkenntnisprozesse deutlicher betont (vgl. besonders das Kapitel «Persönlichkeit und Weltanschauung», GA 6, S. 63 ff.).

Mit dem Erscheinen der im engeren Sinne anthroposophischen Schriften setzt sich das fort. Bezeichnenderweise beginnt Rudolf Steiner mit Darstellungen, die an die Mystik der frühen Neuzeit und an das Christentum als «mystische Tatsache» anknüpfen, an historische Erfahrungen also, die das in Worten nicht mehr Fassbare berührt haben (GA 7 und 8). In den anschließenden grundlegenden Werken der Anthroposophie wird dann immer wieder auf den einmaligen, besonderen Charakter aller höheren Erkenntnis und vor allem jeder übersinnlichen Erfahrung hingewiesen. Erkenntnis sei «auf jeder Lebensstufe anders», lässt Rudolf Steiner die paradigmatische Gestalt des Historikers Capesius im Mysteriendrama von 1910 vermuten (GA 14, S. 124 f.). In der Vorrede zu seinem erkenntnispsychologischen Versuch von 1912 formuliert er mit äußerster Behutsamkeit: «Die Darstellung ist so gehalten, das der Leser in das Dargestellte hineinwachsen mag, so dass es ihm im Verlaufe des Lesens wie zu einer Art Selbstgespräch wird. Gestaltet sich dieses Selbstgespräch so, dass dabei vorher verborgene Kräfte sich offenbaren, welche in jeder Seele erweckt werden können, so führt dann das Lesen zu einer wirklichen inneren Seelenarbeit. Und diese kann sich allmählich zur

Seelenwanderschaft gedrängt sehen, welche wahrhaftig in das Schauen der geistigen Welt hineinversetzt» (GA 16, S. 9). «Ein» Weg, nicht «der» Weg zur Selbsterkenntnis wird hier beschrieben. Das Nachvollziehen der damit ins Auge gefassten Erkenntnisprozesse im Sinne eines intersubjektiv gültigen Wahrheitsanspruchs ist nicht grundsätzlich ausgeschlossen, bedarf jedoch eines subtilen Arsenals biographisch-hermeneutischer Methoden des Verstehens und der Einfühlung, ganz anders als die robusten Gesetzmäßigkeiten etwa der landläufigen Schulphysik.

Zugleich beginnt Rudolf Steiner mit seinen eindrucksvoll vielfältigen Versuchen, übersinnlich Geschautes in Formen des künstlerischen Ausdrucks statt im spröden Material der Wortsprache abzubilden. In den begleitenden Entwürfen einer anthroposophischen Ästhetik erscheint wie ein roter Faden das Motiv individualisierter Erfahrung und Einsicht als der eigentlichen Grundlage freien Tätigseins.

Als ein weiterer Schritt in der theoretischen Konsolidierung der anthroposophischen Psychologie des Erkennens, zu der sich dies alles allmählich auswächst, darf das Buch *Von Seelenrätseln* aus dem Jahre 1917 mit seiner deutlichen Polarisierung von «Anthropologie» und «Anthroposophie», von «herabgelähmten» und «lebendigen» Vorstellungen angesehen werden, und darin besonders die Betrachtung über «ein wichtiges Merkmal der Geist-Wahrnehmung», in welcher Rudolf Steiner mit größter Prägnanz klarstellt, dass man eine «richtige Erkenntnis» von dem, «was wirklich geistig objektiv ist», nur durch bewusstes Unterscheiden einerseits des seelischen Vorgangs, der zu einer geistigen Wahrnehmung hinführt, und dieser Wahrnehmung selbst andererseits erlangt. Dabei zeigt sich, dass geistige Wahrnehmungen nicht unmittelbar erinnert werden können. Der Geistesforscher muss sie erst in Vorstellungen des gewöhnlichen Bewusstseins übertragen, ehe sie wie die sinnengebundenen Vorstellungsinhalte gedächtnismäßig verfügbar sind. Man habe zu unterscheiden: «1. Seelenvorgänge, welche zu einer geistigen Wahrnehmung führen; 2. geistige Wahrnehmungen selbst; 3. in Begriffe des gewöhnlichen Bewusstseins umgesetzte geistige Wahrnehmungen» (GA 21, S. 143). Hier wird endgültig deutlich, dass Rudolf Steiner, wo er von Geistwahrnehmung redet, einen radikal individualisierten Objektivitätsbegriff vertritt. Nach seiner Auffassung nähern wir uns dem Bereich des geistigen Wahrnehmens mit unseren gewöhnlichen Vorstellungs- und Gedächtnisprozessen gewissermaßen von zwei Seiten: durch die rationale Kontrolle unseres meditativen Übungslebens und durch die vernunftgeleitete Nachbildung des übersinnlich Geschauten im Material unseres sinnengebundenen Alltagsbewusstseins. Das eine führt hin zur Geistwahrnehmung; das andere gibt uns Orientierungen für ein geistgemäßes Leben. Das aber, was «wirklich geistig objektiv» ist, entzieht sich der gedächtnismäßigen Verfügbarkeit. Das erkennende Ich bleibt damit zunächst ganz auf sich allein gestellt.

Nach 1917 zeigt sich diese Auffassung Rudolf Steiners auch in seinen Hinweisen auf die Esoterik der von ihm erneuerten anthroposophischen Berufspraxis. Hatte er noch im Jahre 1907 die Handhabung der anthroposophischen Menschenkunde bei der Erziehung des Kindes mit der Anwendung technischen Wissens verglichen – «Nur wer nicht mit allgemeinen Redensarten, sondern mit wirklicher Kenntnis der Maschine im einzelnen an sie herantritt, kann sie handhaben» (GA 34, S. 322) –, so spricht er 1920 in seinen Aufsätzen für die Lehrer und Eltern der neugegründeten Waldorfschule von einer «Menschen-Erkenntnis, die so in sich bewegliche, lebendige Ideen hat, dass der Erzieher sie in die praktische Anschauung der einzelnen kindlichen Individualität umsetzen kann», von einer «besonderen Geist-Erkenntnis», die den Blick für das öffnet, «was nicht als einzelner Fall unter ein allgemeines Gesetz gebracht werden kann, sondern dessen Gesetz erst an diesem Fall anschauend erfasst werden muss.» Und weiter. «Die hier gemeinte Geist-Erkenntnis führt nicht, nach dem Vorbild der Naturerkenntnis, zum Vorstellen allgemeiner Ideen, um diese im einzelnen Falle anzuwenden, sondern sie erzieht den Menschen zu einer Seelenverfassung, die den einzelnen Fall in seiner Selbständigkeit schauend erlebt» (GA 24, S. 269 f.). Schon aus diesen Formulierungen – und vielen ähnlichen in den genannten Aufsätzen – wird deutlich, wie sich die Wahrnehmungs- und Erlebenssituation des «Erziehungskünstlers» der Waldorfschule der Erkenntnissituation des schauend wahrnehmenden Geistesforschers annähert: als vollkommen einmaliger, individueller Prozess.

Im intimen Kreis des Lehrerkollegiums sagt Rudolf Steiner noch deutlicher, worum es geht. Er vergleicht den Umgang des Lehrers mit der pädagogischen Menschenkunde der Anthroposophie drastisch mit dem Verzehren eines Butterbrotes, dem anschließenden Verdauungsvorgang und dem, was unter völligem Ausschluss des gewöhnlichen Tagesbewusstseins als Kraftzuwachs daraus hervorgeht. Das Wort «Erinnern» erhält hier eine eigenartig neue, vertiefte Bedeutung. Es meint ein Aufnehmen ins Innere aus geistiger Wahrnehmung während des Schlafbewusstseins. «Wenn Sie nun Menschenkunde studieren, wie wir es getan haben, so erleben Sie das zunächst bewusst; meditieren Sie nachher darüber, so geht ein innerer geistig-seelischer

Verdauungsprozess in Ihnen vor sich, und der macht Sie zum Erzieher und Unterrichter ... Abends meditieren Sie über Menschenkunde, und morgens quillt Ihnen heraus: Ja, mit dem Hans Müller musst du jetzt dies oder jenes machen ... Kurz, Sie wissen, was Sie für den speziellen Fall anwenden müssen» (GA 302 a, S. 51 f.).

Drei Jahre später gelangt Rudolf Steiner dann, nach abermaligem Nachsinnen, zu der schönsten Formulierung des Sachverhalts, die wir von ihm haben: «Ein im Leben webendes Wissen vom Menschen nimmt das Wesen des Kindes auf wie das Auge die Farbe aufnimmt» (GA 36, S. 289). Dieser Vergleich, der an die Farbenlehre und an den Symbolbegriff Goethes anschließt, grenzt den Prozess des pädagogischen Erkennens und Handelns, wie die Anthroposophie ihn versteht, einerseits ab von jeder irrationalen Instinkt-Pädagogik (vgl. hierzu auch Rudolf Steiner im Vortrag vom 16.9.1922, GA 36, S. 284 f.), andererseits von jeder Auffassung, die allgemeinverbindliche Normen und entsprechende Kontrollen zur Regelung des Erziehungs- und Schulwesens für notwendig hält. Das Gleiche gilt für die Praxis aller anderen aus der Anthroposophie heraus erneuerten Berufe. Dass der meditierende Arzt am frühen Morgen aus dem Spiel des Lichts auf betauten Wiesen ohne Worte erfährt, was er für seine Heilkunst nötig hat (GA 316, S. 65 ff.), dass der Historiker die «Symptome», die ihm die nötigen Aufschlüsse über den Geschichtsverlauf geben, im Strom seines individuellen Schicksals wie beiläufig zugetragen bekommt (GA 174, S. 106), dass der moderne Landwirt seinen Hof, einen individuellen Betriebsorganismus, im wiederum wortlosen Gespräch mit Sternenkräften und Elementarwesen entwickelt: Wege dieser Art, wie sie Rudolf Steiner für die verschiedensten Berufsfelder beschrieben oder doch grundsätzlich erschlossen hat, bedeuten für den zentralen Bereich des Erkennens den völligen Abschied vom überholten Ideal einer allgemeinverbindlich definierbaren «objektiven» Wahrheit und von allen daraus hergeleiteten Ansprüchen auf Lenkung und Kontrolle.

Christoph Gögelein hat in einer umsichtigen Voruntersuchung der aktuellen Probleme einer verbindlichen Genese von Lehrplänen an Waldorfschulen das Ergebnis dieser radikalen Wendung auf den Punkt gebracht. Er zeigt, wie die individuelle Erkenntnisaktivität des idealen Waldorf-Praktikers den «Lehrplan» unaufhörlich neu aus aktuellen Bedingungen heraus erschaffen kann, wie alles Vorherplanen demgegenüber zurücktritt und welche Kehrtwendung dabei die unverzichtbar bleibende kritische Vernunft zu vollziehen hat: «Aus der Vorschrift wird eine Nachschrift» (Gögelein 1992, S. 220).

Damit wird zugleich sichtbar, auf welche Weise die radikal anarchistischen Erkenntnisprozesse der Anthroposophie, obwohl sie sich infolge ihres einzigartigen und einmaligen Charakters als solche nicht dem Kriterium intersubjektiver Vermittelbarkeit unterwerfen lassen, in ihren Wirkungen durchaus nach diesem Kriterium zu beurteilen sind. Anthroposophische Berufsesoterik ist mit wissenschaftlicher Kritik voll vereinbar. Illusionen müssen abgebaut, Fehler aufgedeckt, Probleme ungeniert erörtert werden können. Das gilt selbstverständlich auch für die Tatenfolgen der Schüler Rudolf Steiners. Das Gewordene kann mit den üblichen Mitteln geprüft und wie jeder empirisch aufgedeckte Tatbestand mit hermeneutisch gesicherter intersubjektiver Gültigkeit gewertet werden «An ihren Früchten sollt ihr sie erkennen.» Die Keime, Blätter und Blüten jedoch müssen erst noch wachsen dürfen. Darauf macht die erkenntnispsychologische Entfaltung der Freiheits-Idee Rudolf Steiners von 1897 an – deutlicher als seine *Philosophie der Freiheit* – eindrucksvoll aufmerksam.

Was folgt nun daraus für die Lösung des eingangs aufgeworfenen Problems? Wie begegnen wir den Kritikern? Und wie verhalten wir uns als Schüler Rudolf Steiners untereinander im Umgang mit der lebendigen Wahrheit? Die Antwort fällt jetzt nicht mehr schwer. Den Kritikern können wir sagen: Für die Evaluation anthroposophischer «Wahrheiten» nach dem Kriterium der intersubjektiven Gültigkeit gibt es zwei unterschiedliche Zugänge. Der eine besteht in der rationalen Prüfung der von Rudolf Steiner beschriebenen Methoden des Erkennens, etwa hinsichtlich ihrer logischen Konsistenz, ihrer Praktikabilität, ihrer grundsätzlichen Möglichkeit, oder doch wenigstens ihrer am Gesamtzusammenhang zu gewinnenden immanenten Plausibilität. Der andere besteht in einer ebenso rationalen empirischen Prüfung der Ergebnisse anthroposophischer Lebenspraxis. Alles das hingegen, was sich zwischen methodischem Programm und Praxis, zwischen allgemeiner Einleitung und speziellem Ergebnis, als individueller Erkenntniszuwachs ereignet, lässt sich allenfalls im biographisch deutenden Nachvollzug notdürftig verstehen. Die lebendige Wahrheit aus dem Ich ist ihrem Wesen nach intersubjektiv nicht zwingend zu vermitteln.

Für die Schüler Rudolf Steiners ist die Antwort nirgendwo besser gegeben als mit der «Grundmaxime der freien Menschen» aus dem zentralen neunten Kapitel der *Philosophie der Freiheit*. Anderen keine Vorschriften machen, aber freundlich und aufmerksam wahrnehmen, was sie tun; zugleich mit ganzer Kraft der Wahrheit gemäß, die man erkannt zu haben meint, selber tätig sein: Das führt weiter

(GA 4, S. 166). Wer will, mag darin zugleich das konstitutive Sozialprinzip der Freien Hochschule für Geisteswissenschaft entdecken.

Weh uns, wenn wir die Pilatusfrage nicht mutig beantworten. Aber aus dem Ich. Nicht mehr nur als Stellvertreter einer blinden «Objektivität».

Nachbemerkung: Ursprünglicher Anlass zu dieser Betrachtung war eine Kontroverse über den Wissenschaftscharakter der Temperamentenlehre Rudolf Steiners. Ich hatte in der Rezension einer Gegnerschrift behauptet, diese Lehre sei primär als eine Art Kunstmittel zu begreifen. Sie helfe Lehrern, lebendig zu unterrichten. Ihr «wissenschaftlicher» Wert sei eher zweifelhaft und jedenfalls noch nicht klar nachgewiesen. – Dieser Auffassung wurde von anthroposophischer Seite heftig widersprochen. Man empfand meine Skepsis als unnötige Preisgabe einer erkenntnistheoretisch einwandfrei gesicherten oder doch zu sichernden Position. Die Auseinandersetzung wurde im Rahmen einer Tagung der Anthroposophischen Akademie für Gegenwartsfragen fruchtbar weitergeführt. Mein Kontrahent hat seine Ansicht der Sache – die ich weitgehend teile, zugleich jedoch für ergänzungsbedürftig halte – in einem Beitrag für die Akademie-Korrespondenz niedergelegt (Ravagli 1992). Im vorliegenden Beitrag bringe ich, wenn auch nur skizzenhaft und mit erheblicher Verspätung, meine abweichende Ansicht vor.

Hierzu sei noch ein Geständnis erlaubt. Für mich ist die *Philosophie der Freiheit* ein gewalttätiges Buch. Der herrische Rigorismus Stirners und Nietzsches lebt in ihr. Ich lese sie mit Respekt, stellenweise mit Bewunderung für ihre Kühnheit, ich erkenne ihren Inhalt als richtig an, und ich sehe, dass sie uns zu den späteren Schriften der anthroposophischen Geisteswissenschaft das entscheidende Tor öffnet. Erst diesen aber gehört mein Herz.

Literatur

Owen Barfield: *Evolution – der Weg des Bewusstseins.* Aachen 1991.
Morris Berman: *Wiederverzauberung der Welt. Am Ende des Newtonschen* Zeitalters. Reinbek bei Hamburg 1985.
Paul Feyerabend: *Erkenntnis für freie Menschen* 2. Aufl. Frankfurt a. M. 1981.
— : *Wider den Methodenzwang.* 4. Aufl. Frankfurt a. M. 1993.
Christoph Gögelein: Geschichte und Prinzipien des «Lehrplans» der Waldorfschule. In: Achim Hellmich / Peter Teigeler (Hrsg.): *Montessori-, Freinet-, Waldorfpädagogik.* Weinheim und Basel 1992, S. 210–222.
Kurt Hübner: *Die Wahrheit des Mythos.* München 1985.
Susanne K. Langer: *Philosophie auf neuem Wege.* Frankfurt 1987.
Lorenzo Ravagli: Rudolf Steiners Menschenkunde als wissenschaftliches Problem. In: *Materialien aus der Arbeit der Anthroposophischen Akademie für Gegenwartsfragen.* Januar 1992 (Manuskriptdruck), S. 40–49.
Rudolf Steiner: Die *Philosophie der Freiheit.* GA 4 (1987).
— : *Goethes Weltanschauung.* GA 6 (1963).
— : *Die Mystik im Aufgange des neuzeitlichen Geisteslebens und ihr Verhältnis zur modernen Weltanschauung.* GA 7(1987).
— : *Das Christentum als mystische Tatsache und die Mysterien des Altertums.* GA 8 (1989).
— : *Vier Mysteriendramen.* GA 14 (1981).
— : *Ein Weg zur Selbsterkenntnis des Menschen.* GA 16 (1956).
— : *Von Seelenrätseln.* GA 21(1976).
— : *Über die Dreigliederung des sozialen Organismus.* GA 24 (1961).

— : *Lucifer-Gnosis.* GA 34 (1960).
— : *Der Goetheanumgedanke inmitten der Kulturkrisis der Gegenwart.* GA 36 (1961).
— : *Zeitgeschichtliche Betrachtungen.* Zweiter Teil. GA 174 (1966).
— : *Erziehung und Unterricht aus Menschenerkenntnis.* GA 302a (1972).
— : *Meditative Betrachtungen und Anleitungen zur Vertiefung der Heilkunst.* GA 316 (1980).

2.
Wie Rudolf Steiner seinen Wahrheitsbegriff erweiterte, und was daraus folgt

Christoph Lindenbergs Jahrhundertwerk, das die Erforschung des Lebens Rudolf Steiners auf ein neues Niveau gehoben hat, führt insgesamt zu der befreienden und beglückenden Einsicht, dass dieses Leben ein Entwicklungsweg gewesen ist.[1] Es zeigt sich darin mit geradezu beunruhigender Eindringlichkeit, wie wir uns vor der Annahme hüten müssen, der Begründer der Anthroposophie habe alles, was er der Menschheit zu sagen hatte, im Wesentlichen von vornherein gewusst, sozusagen fertig vom Himmel mitgebracht, und nur deshalb sei das eine oder andere davon erst spät oder gar nicht mitgeteilt worden, weil die bedürftige Menschheit dafür noch nicht reif war. Wer, nach dem Vorbild Lindenbergs, genauer hinschaut, wird bald bemerken, dass es sich damit durchaus anders verhalten hat. Der Erkenntnishorizont Rudolf Steiners erweiterte sich Tag für Tag. Der Reichtum seines Wissens wuchs nicht bloß durch die Anlagerung von Details; dies Wissen konfigurierte sich gewissermaßen immer wieder neu, gemäß den täglich mit größter Wachheit aufgefangenen und verarbeiteten Bot-

1 Christoph Lindenberg: *Rudolf Steiner, Eine Biographie.* 2 Bde., Stuttgart 1997. Ähnlich Günter Röschert: *Anthroposophie als Aufklärung.* München 1997

schaften eines außergewöhnlichen Karmas. Daher die Fülle der unterschiedlichen Gesichtspunkte, der erstaunliche Wandel der Ausdrucksformen, aber auch die lebens- und situationsgemäße Widersprüchlichkeit in den uns erhaltenen Texten, das Inkommensurable darin, das sich so oft als das eigentlich Weiterführende in Bezug auf die eigenen Bemühungen des engagierten Lesers erweist.

Mehrfach vollzieht sich im Lebensgang Rudolf Steiners eine völlige Neuorientierung des Erkennens und Handelns, ein Vorgang, wie ihn die Wissenschaftstheorie heute als «Paradigmenwechsel» beschreibt.[2] So beim Übergang von der Arbeiterbildungsschule zur Lehrtätigkeit im Rahmen der Theosophischen Gesellschaft, bei der Inauguration neuer künstlerischer Ausdrucksformen im Zusammenhang mit den Mysteriendramen und dem Johannesbau-Projekt in München, in der Dreigliederungs-Kampagne in Stuttgart, bei der Dornacher Weihnachtstagung. Jedesmal stand nach kurzer Zeit eine andere Anthroposophie in der Welt – und doch dieselbe.

Ein entscheidend wichtiger Vorgang dieser Art vollzog sich bei Rudolf Steiner in aller Stille während seines letzten Weimarer Jahres (1896/97): der bewusste Beginn einer regelmäßigen meditativen Übungspraxis. «Das errungene Seelenleben», so schreibt er im Rückblick, «brauchte die Meditation, wie der Organismus auf einer gewissen Stufe seiner Entwickelung die Lungenatmung braucht».[3] Das rätselhafte, bis heute von niemandem hinreichend gewürdigte Kapitel XXII des Buches *Mein Lebensgang* in

---

[2] Thomas S. Kuhn: *Die Struktur wissenschaftlicher Revolutionen.* Frankfurt am Main 1967.

[3] *Mein Lebensgang*, GA 28 (1982), S. 323

welchem der damit einsetzende «Lebensumschwung» charakterisiert wird, gibt einen Eindruck von der hintergründigen Dramatik der damaligen Erkenntnissituation ebenso wie von ihren aktuellen Implikationen für unser gegenwärtiges Weltverständnis. Im Anschluss an Lindenberg ließe sich manches dazu sagen. Hier sei nur an ein spezielles Motiv dieses Kapitels angeknüpft, an Rudolf Steiners Hinweis darauf, dass er damals gelernt habe, drei «Arten von Erkenntnis» zu unterscheiden: die «an der Sinnesbeobachtung gewonnene Begriffs-Erkenntnis», die «ideell-geistige» Erkenntnis und die leibfreie eigentliche «Geist-Erkenntnis», ein «erlebendes» Erkennen, welches die Tätigkeiten des Denkens und des Wollens in ein neues Verhältnis zueinander bringe und die Fähigkeit vermittle, «in *jede* Art des Seins hineinwachsen zu können».[4]

Während diese Unterscheidung ihm deutlich wird und er durch sein neu entdecktes meditatives Üben sowohl im bewussten Erfassen der sinnlich-physischen Welt als auch im Umgang mit intensiveren übersinnlich-geistigen Erfahrungen rasche Fortschritte macht, arbeitet er an seinem Buch *Goethes Weltanschauung*. Und sogleich hinterlässt das gewandelte, erweiterte, vertiefte Erkenntnisleben deutliche Spuren.

Worum es sich dabei handelt, zeigt sich durch einen Blick auf die drei Jahre vorher vollendete Erstfassung der *Philosophie der Freiheit*, die – wie Rudolf Steiner selbst feststellt – noch ganz aus der *zweiten* Erkenntnisweise, dem «ideellen» Erleben, geboren ist.[5] Glücklicherweise sind die handschriftlichen Änderungen und Zusätze, die der Neu-

---

4 *Mein Lebensgang*, GA 28 (1982), S. 324 ff.
5 Ebd., S. 323.

bearbeitung von 1918 zugrundeliegen, zu einem großen Teil erhalten geblieben und im Faksimile zugänglich.⁶ Wer die Formulierungen der Erstfassung auf sich wirken lässt, wird es nicht leicht haben, im Höhenlicht ideell-gedanklicher Allgemeinheit die Praxisnähe und die lebendige Wärme zu bemerken, die den handschriftlichen Zusätzen bei der Neubearbeitung eine gänzlich andere Farbe, ja eigentlich eine Fülle von Farben und Zwischentönen geben, vergleichbar vielleicht der Goetheschen Sonne im Eingangsmonolog zum zweiten Teil des Faust-Dramas, die am Morgen ferne Gebirge beleuchtet und erst später sich in lebendiger Farbenvielfalt «zu uns herniederwendet.»⁷ Abgesehen aber von solchen Stimmungsunterschieden fällt auf, dass die Erstfassung noch einen merkwürdig *statischen* Erkenntnisbegriff vertritt. Lindenberg macht auf einen Brief vom Juli 1881 aufmerksam, in welchem der jugendliche Rudolf Steiner die «höchste Freiheit» im «Zusammengehen des Menschen mit dem Absoluten» sieht. «Er findet sich in einem Punkte des Universums und nun hat er seinen Standpunkt ..., von da aus überblickt er die Welt. Er beurteilt sie, beurteilt sich und ist zufrieden mit sich, der Welt und allem.»⁸ Diese rührend einfache idealistische Tonart ist natürlich in der *Philosophie der Freiheit* längst überwunden. Sie klingt aber noch deutlich nach, wenn es dort im Hinblick auf die Natur des Denkens heißt: «Wir sehen in uns eine schlechthin absolute Kraft zum Dasein kommen, eine Kraft, die universell ist, aber wir lernen sie nicht bei

---

6 *Dokumente zur «Philosophie der Freiheit»*, GA 4a (1994).
7 *Faust II*, 4698.
8 Rudolf Steiner an Rudolf Ronsperger, 16.08.1881. Zitiert nach Lindenberg, *Rudolf Steiner. Eine Biographie*, S. 213.

ihrem Ausströmen aus dem Zentrum der Welt kennen, sondern in einem Punkte der Peripherie. Wäre das erstere der Fall, dann wüssten wir in dem Augenblicke, in dem wir zum Bewusstsein kommen, das ganze Welträtsel. Da wir aber in einem Punkte der Peripherie stehen und unser eigenes Dasein in bestimmte Grenzen eingeschlossen finden, müssen wir das außerhalb unseres eigenen Wesens gelegene Gebiet mit Hilfe des aus dem allgemeinen Weltensein in uns hereinragenden Denkens kennenlernen».[9] Ähnlich ist im anschließenden Kapitel von dem besonderen «Standort» die Rede, von welchem aus jeder von uns die Welt betrachtet und der ihn veranlasst, «auf seine besondere Art die allgemeinen Begriffe zu denken.»[10] Gehen wir zu weit, wenn wir aus solchen Formulierungen den Eindruck gewinnen, Rudolf Steiner habe während seiner Arbeit an der Erstfassung der *Philosophie der Freiheit*, die noch ganz im Element der «ideell-geistigen Erkenntnis» vor sich ging, die Wahrheit der Welt eher im Bild eines Kontinents gesehen, eines festen Landes, an der Peripherie bevölkert von Erkenntnissuchern, die alle auf den einen «absoluten» Mittelpunkt fixiert sind, den sie nach einiger Bemühung zuverlässig gemeinsam erreichen werden, wie eine Antarktis-Expedition den einen Südpol? Eine umfassende hermeneutische Klärung dieser Frage könnte ergeben, dass es sich eher um ein noch nicht ganz geglücktes Bild handelt, eine etwas aufgesetzte Metaphorik, hinter der sich im Grunde doch schon die angemesseneren Formulierungen der Neufassung von 1918 verbergen. Wie dem auch sei: Es ist deutlich, dass der ursprüngliche Text, einseitig gelesen,

---

9 *Die Philosophie der Freiheit*, GA 4 (1987), S. 91.
10 Ebd., S. 110.

zu einem bedenklichen Missverständnis führen kann, nämlich zu der Auffassung, es gebe eine «wahre Erkenntnis»[11] als definierbare Wahrheit, *unabhängig* vom Ich. Damit fiele das anthroposophisch orientierte Erkennen in mittelalterliche Verhältnisse zurück. Das Bild des «Kontinents» der Wahrheit, der unabhängig von der Aktivität der Einzelseele dauerhaft besteht, von außen vorgegeben, gehört zu den wie für die Ewigkeit errichteten dogmatischen Wunderbauten der scholastischen Philosophie des Mittelalters, und nicht in die Gegenwart.

Rudolf Steiner muss das mit den Erweiterungen des Erkenntnishorizonts, die er in jenem letzten Weimarer Jahr durchlebt und durchlitten hat, eindringlich empfunden haben. Die *Individualisierung* des Wahrheitsbegriffs wird ihm deshalb in *Goethes Weltanschauung* zum zentralen Motiv. Dabei ändern sich die Bilder. «Nicht ein starres, totes Begriffssystem», so heißt es jetzt, «ist die Wahrheit, das nur einer einzigen Gestalt fähig ist; sie ist ein lebendiges Meer, in welchem der Geist des Menschen lebt, und das Wellen der verschiedensten Gestalt an seiner Oberfläche zeigen kann.»[12] Was das im einzelnen für ein anthroposophisch vertieftes Verständnis der *Philosophie der Freiheit* bedeutet, könnte sich aus dem genaueren Studium der Änderungen und Zusätze für die Neuauflage von 1918 ergeben, aber natürlich auch durch weiterführende Überlegungen, die das spätere anthroposophische Werk Rudolf Steiners auf jene Anfänge beziehen und zeitgemäß fortführen.[13]

11 Ebd., S. 125.
12 *Goethes Weltanschauung*, GA 6 (1963), S. 66.
13 Vgl. etwa die wegweisende Betrachtung von Günter Röschert: Situationsethik und moralische Phantasie. In: K.-M. Dietz (Hrsg.): *Rudolf Steiners Philosophie der Freiheit*. Stuttgart 1994, S. 103–159.

Eine sehr einfache ethische Konsequenz aus dem Perspektivenwechsel von 1896/97 erscheint jedenfalls auch ohne genauere Untersuchung einleuchtend und greifbar: Rudolf Steiners große Idee der «wahren Erkenntnis», die alle freien Menschen im Handeln vereinigt, bedeutet nicht, dass wir mit unserem Tätigsein warten müssten, bis alle Anthroposophen einer Meinung sind. Das «Geistes-Meeres-Wesen»[14] vereint uns im Willen wie der Heilige Geist die Apostel, die jeder in seiner Sprache redeten und doch von allen, auf die es ankam, gemeinsam verstanden wurden.

---

14 Aus dem Grundsteinspruch der 1923/24 neugegründeten Anthroposophischen Gesellschaft. *Wahrspruchworte*, GA 40 (1975), S. 181.

Verzeichnis der zitierten Bände der Rudolf Steiner Gesamtausgabe

1 *Einleitungen zu Goethes Naturwissenschaftlichen Schriften*
2 *Grundlinien einer Erkenntnistheorie der Goetheschen Weltanschauung, mit besonderer Rücksicht auf Schiller*
3 *Wahrheit und Wissenschaft*
4 *Die Philosophie der Freiheit*
6 *Goethes Weltanschauung*
7 *Die Mystik im Aufgange des neuzeitlichen Geisteslebens und ihr Verhältnis zur modernen Weltanschauung*
10 *Wie erlangt man Erkenntnisse der höheren Welten?*
12 *Die Stufen der höheren Erkenntnis*
21 *Von Seelenrätseln*
28 *Mein Lebensgang* (1982)
35 *Philosophie und Anthroposophie*
36 *Der Goetheanumgedanke inmitten der Kulturkrisis der Gegenwart*
40 *Wahrspruchworte* (1988)
104 *Die Apokalypse des Johannes*
150 *Die Welt des Geistes und ihr Hereinragen in das physische Dasein*
169 *Weltwesen und Ichheit* (1963)
185 *Geschichtliche Symptomatologie* (1962)
236 *Esoterische Betrachtungen karmischer Zusammenhänge* Bd. 2 (1959)

258 Die *Geschichte und die Bedingungen der anthroposophischen Bewegung im Verhältnis zur anthroposophischen Gesellschaft*

260 Die *Weihnachtstagung zur Begründung der Allgemeinen Anthroposophischen Gesellschaft 1923/24*

260a Die *Konstitution der Allgemeinen Anthroposophischen Gesellschaft und der Freien Hochschule für Geisteswisssenschaft*

262 *Rudolf Steiner/Marie Steiner-von Sivers: Briefwechsel und Dokumente 1901–1925* (2002)

264 *Zur Geschichte und aus den Inhalten der ersten Abteilung der Esoterischen Schule 1904 bis 1914* (1996)

266/1 *Aus den Inhalten der esoterischen Stunden* Bd. 1

287 *Der Dornacher Bau als Wahrzeichen geschichtlichen Werdens und künstlerischer Umwandlungsimpulse*

293 *Allgemeine Menschenkunde als Grundlage der Pädagogik* (1992)

298 *Rudolf Steiner in der Waldorfschule* (1958)

302a *Erziehung und Unterricht aus Menschenerkenntnis*